문재인 대통령
헌법개정안

문재인 대통령
헌법개정안

청와대 지음

더휴먼

책을 내면서

청와대는 "헌법은 한 나라의 얼굴이고, 그 나라 국민의 삶과 생각이 담긴 그릇이다"라고 하면서 2018년 3월 20일부터 22일까지 3일에 걸쳐 헌법 개정안을 발표하였다. 대한민국헌법은 1948년 7월 17일에 제정, 공포된 이후 아홉 차례의 개정을 거쳐 오늘에 이르렀다. 현행 헌법은 1987년 6월항쟁으로 군사독재를 끝낸 후 개정된 것으로, 상해 임시 정부의 법통과 4·19 민주 이념 계승, 대통령 직선제, 헌법재판소 신설 등의 시대정신을 담았다.

하지만 9차 개정 이후 30년의 세월이 흘렀고, 그사이 대한민국은 IMF 외환위기와 2008년 세계금융위기, 세월호 사건, 촛불혁명, 대통령 탄핵 등을 겪으며 국민의 삶에 많은 변화가 생졌다. 이에 청와대는 변화된 시대와 달라진 국민의 요구에 따라 새로운 헌법의 필요성을 느끼고 헌법 개정안을 발의하였다.

이번 헌법 개정안은 크게 세 가지로 나눌 수 있는데, ① 헌법 전문과 기본권 사항 ② 지방 분권과 경제 ③ 권력 구조 분야이다. 헌법 전문에는 부마항쟁, 5·18민주화운동, 6·10항쟁 등을 넣었고 공무원의 노동 3권 보장, 토지공개념 명시, 대통령 4년 연임제, 결선투표제 등을 개정안에 담았다.

하지만 헌법은 개정안이 발의되면 국회 재적 의원 3분의 2 이상이 찬성해야 폐기되지 않고 국민투표에 붙일 수 있다. 헌법 개정안은 국회 의결 후 30일 이내에 국회의원선거권자 과반수의 투표와 투표자 과반수의 찬성을 얻어야 한다. 문재인 대통령이 "헌법의 주인은 국민이며 개헌을 최종적으로 완성하는 권리도 국민에게 있다"라고 한 것도 이런 이유 때문이다.

이렇듯 국민들은 헌법 개정의 최종 결정권자이자 나라의 주권자로서 헌법 개정안의 구체적 내용을 알아야 할 의무가 있다. 헌법은 모든 법의 근거이자 뿌리이며, 국민의 기본권을 보장하고 국가의 정체성을 밝히는 법 중의 법이다. 그러한 헌법을 개정하는 데 헌법 개정안의 내용이 무엇이고, 현행 헌법과는 어떻게 다른지 모른다면 이는 자신이 마땅히 해야 할 일을 내팽개치는 것이고 촛불을 들었던 손을 부끄럽게 하는 행동이다. 헌법 개정안의 구체적 내용을 살펴보고 현행 헌법과는 어떻게 다른지 비교, 대조하면서 개개인의 삶과 국가의 미래를 어떻게 만들어가야 할지 생각해봐야 한다.

헌법 개정안 발의 관련 대통령 입장문

오늘 저는 헌법 개정안을 발의합니다. 저는 이번 지방선거 때 동시투표로 개헌을 하겠다고 국민들과 약속했습니다. 이 약속을 지키기 위해 헌법이 대통령에게 부여한 개헌발의권을 행사합니다.

저는 그동안 국민헌법자문특별위원회를 구성하여 국민들의 의견을 수렴한 개헌자문안을 마련했습니다. 이 자문안을 수차례 숙고하였고 국민 눈높이에 맞게 수정하여 대통령 개헌안으로 확정했습니다.

국민들께서 생각하시기에, 왜 대통령이 야당의 강한 반대를 무릅쓰고 헌법 개정안을 발의하는지 의아해하실 수 있습니다. 그 이유는 네 가지입니다.

첫째, 개헌은 헌법파괴와 국정농단에 맞서 나라다운 나라를 외쳤던 촛불광장의 민심을 헌법적으로 구현하는 일입니다. 지난 대선 때 모든 정당, 모든 후보들이 지방선거 동시투표 개헌을 약속한 이유입니다. 그러나 1년이 넘도록 국회의 개헌발의는 아무런 진척이 없었습니다. 따라서 지금 대통령이 개헌을 발의하지 않으면 국민과의 약속을 지키기 어렵게 되었기 때문입니다.

 둘째, 6월 지방선거 동시투표 개헌은 많은 국민이 국민투표에 참여할 수 있는 다시 찾아오기 힘든 기회이며, 국민 세금을 아끼는 길입니다. 민생과 외교, 안보 등 풀어가야 할 국정현안이 산적해 있는데, 계속 개헌을 붙들고 있을 수는 없습니다. 모든 것을 합의할 수 없다면, 합의할 수 있는 것만이라도 헌법을 개정하여 국민과의 약속을 지켜야 합니다.

 셋째, 이번 지방선거 때 개헌하면, 다음부터는 대선과 지방선거의 시기를 일치시킬 수 있습니다. 따라서 전국 선거의 횟수도 줄여 국력과 비용의 낭비를 막을 수 있는 두 번 다시 없을 절호의 기회입니다.

 넷째, 대통령을 위한 개헌이 아니라 국민을 위한 개헌이기 때문입니다. 개헌에 의해 저에게 돌아오는 이익은 아무것도 없으며, 오히려 대통령의 권한을 국민과 지방과 국회에 내어놓을

뿐입니다. 제게는 부담만 생길 뿐이지만 더 나은 헌법, 더 나은 민주주의, 더 나은 정치를 위해 개헌을 추진하는 것입니다. 제가 당당하게 개헌을 발의할 수 있는 이유입니다.

헌법은 한 나라의 얼굴입니다. 그 나라 국민의 삶과 생각이 담긴 그릇입니다. 우리 국민의 정치의식과 시민의식은 다른 나라의 모범이 되는 수준에 이르렀습니다. 국가의 책임과 역할, 국민의 권리에 대한 생각도 30년 전과는 비교가 되지 않습니다. 기본권, 국민주권, 지방분권의 강화는 국민들의 강력한 요구이며 변화된 국민들의 삶과 생각입니다.

헌법의 주인은 국민이며 개헌을 최종적으로 완성하는 권리도 국민에게 있습니다. 제가 오늘 발의한 헌법 개정안도 개헌이 완성되는 과정에 불과합니다. 국민 한 사람 한 사람의 삶과 국가의 미래를 위해 개헌 과정에 끊임없는 관심을 가져주시리라 믿습니다.

국회도 국민들께서 투표를 통해 새로운 헌법을 품에 안으실 수 있게 마지막 노력을 기울여주시길 바랍니다. 감사합니다.

2018년 3월 26일
대한민국 대통령 문재인

헌법 개정안 의결주문서

1. 의결주문

대한민국헌법 개정안을 별지와 같이 의결한다.

2. 제안이유

헌법은 국민의 삶을 담는 그릇이다. 1987년 6월 항쟁을 통해 대한민국헌법을 바꾼 지 벌써 30년이 넘었다. 그동안 국제통화기금(IMF) 외환위기, 세월호 참사 등을 거치면서 국가의 책임과 역할, 국민의 권리에 대한 국민의 생각은 크게 달라졌고, 새로운 대한민국을 요구하는 국민의 목소리는 더욱 커졌다. 30년이 지난 헌법으로는 국민의 뜻을 따라갈 수 없다.

이제 국민의 뜻에 따라 새로운 대한민국의 운영 틀을 마련해야 한다. 국가의 존재 이유를 묻는 질문에 답변해야 하고, 국민 모두가 어디서나 차별받지 않고 골고루 잘 살 수 있게 해달라는 요구에 응해야 한다. 헌법 개정을 통해 국민의 뜻을 헌법적으로 구현하여 나라다운 나라를 만들어야 한다.

우리와 미래 세대가 살아갈 대한민국은 국민의 자유와 안전, 인간다운 삶을 보장해 주는 나라, 국민의 참여와 의사가 반영되는 나라, 더 정의롭고 공정한, 그리고 중앙과 지방이 함께 잘 사는 나라여야 한다.

1987년 헌법 개정 시 채택한 대통령 5년 단임제는 장기간의 군사독재 경험을 반영한 선택이었다. 그러나 우리 국민은 촛불 시민혁명을 통해 대한민국 민주주의의 역량을 입증했다. 이제 국민 역량을 바탕으로 변화하는 환경 속에서 장기적 국가과제를 일관성과 연속성을 갖고 추진하기 위해 대통령 4년 연임제를 채택할 때가 되었다.

국민의 뜻과 시대정신을 반영하기 위해 이 헌법 개정안에는 다음과 같은 내용을 담았다.

첫째, 기본권과 국민주권을 확대·강화하였다. 기본권 주체를 확대하고 공무원을 포함한 노동자의 권리를 강화하였다. 생명권과 안전권, 알권리, 자기정보통제권, 사회보장을 받을 권리 및 성별·장애 등에 따른 차별개선에 노력할 국가의 의무

등을 신설하는 한편, 사회적 약자의 권리를 강화하여 인간으로서의 존엄성을 존중받을 수 있도록 하였다. 또한 국민발안제와 국민소환제를 도입하여 직접 민주제를 대폭 확대하였다.

둘째, 대한민국의 지속가능한 성장을 위해 지방자치를 강화하였다. 지방정부에 자주조직권을 부여하고, 자치행정권, 자치입법권을 강화하는 한편, 자치재정권을 보장하였다. 그리고 지방자치에서 실질적 민주주의가 실현될 수 있도록 지방정부의 자치권이 주민으로부터 나온다는 것을 명시하고, 주민이 지방정부를 조직하고 운영하는 데 참여할 권리를 가진다는 점을 명확히 하였으며, 주민발안, 주민투표, 주민소환제도의 헌법적 근거를 신설하였다.

셋째, 경제질서와 관련해 불평등과 불공정을 시정하고자 하였다. 경제주체 간의 상생을 강조하고 토지공개념의 내용을 분명히 하는 한편, 국가에 농어민 지원, 사회적 경제 진흥, 소비자운동, 기초 학문 장려 등의 의무를 부과하였다.

넷째, 정치개혁을 위해 선거연령을 18세로 낮추고, 국회의원 선거의 비례성 원칙을 헌법에 명시하였으며, 선거운동의 자유를 최대한 보장하였다. 그리고 대통령의 국가원수로서의 지위를 삭제하고, 예산법률 주의를 도입하는 등 대통령의 권한을 분산하고 국회의 권한을 강화하였다. 책임정치 구현과 안정된 국정운영을 위해 대통령 4년 연임제를 채택하였다.

　다섯째, 사법제도를 개선하였다. 대법원장의 인사권을 분산하고 절차적 통제를 강화하였으며 국민의 재판 참여가 가능하도록 하여 사법의 민주화가 이루어질 수 있게 하였다. 평시 군사재판과 비상계엄하의 단심제를 폐지함으로써 국민의 기본권이 침해되지 않도록 하였다. 법관 자격을 요구하는 규정을 삭제하여 헌법재판소 재판관 구성을 다양화할 수 있도록 함으로써 사회 각계각층의 입장이 재판에 균형 있게 반영될 수 있게 하였다.

　국민의 뜻과 힘으로 시작된 새로운 대한민국의 여정에 헌법 개정은 필수적인 과정이다. 보다 정의로운 대한민국, 나라다운 나라를 만들자는 국민의 요구를 더 이상 미룰 수 없다. 나아가 지금 대통령 4년 연임제가 채택되면 4년 후부터 대통령선거와 지방선거를 함께 치를 수 있다. 이렇게 되면 대통령 임기 중 치르는 전국선거를 줄여 국력낭비를 막을 수 있다.

　이에 헌법 개정안을 발의하고 국회와 국민의 판단을 구하고자 한다.

3. 주요내용

가. 전문에 헌법적 의미를 갖는 역사적 사건과 사회적 가치 명시(안 전문)

대한민국이 추구하는 가치와 지향을 분명히 할 수 있도록 헌법적 의의를 갖는 중요한 역사적 사건과 사회적 가치를 명시할 필요가 있는바, 민주화운동 과정에서 중요한 의미를 가지는 4·19혁명, 부마민주항쟁과 5·18민주화운동, 6·10항쟁의 민주이념을 계승한다는 점을 분명히 밝히고, 자치와 분권, 지역 간 균형발전 및 자연과의 공존 등 중요한 사회적 가치를 명시함.

나. 지방분권국가 지향성 명시(안 제1조제3항)

제1조에 '대한민국은 지방분권국가를 지향한다'는 내용을 신설하여 대한민국 국가운영의 기본방향이 지방분권에 있음을 분명히 하고, 향후 입법과 정부정책의 준거로 삼도록 함.

다. 수도 조항 신설(안 제3조제2항)

1) 헌법재판소는 수도에 관한 사항을 관습헌법에 속하는 것으로 보면서 수도이전을 위해서는 헌법 개정이 필요하다고 판시함.
2) 국가기능의 분산이나 정부부처의 재배치 등의 필요가 있

고, 나아가 수도 이전의 필요성도 대두될 수 있으므로 수도에 관한 사항을 법률로 정하도록 헌법에 명시함.

라. 공무원의 정치적 중립성 및 공정성·청렴성 의무(안 제7조제3항 및 제4항)

1) 현행 규정은 공무원의 정치적 기본권을 지나치게 제한하거나 공무원을 정치적으로 이용하는 근거로 악용되어 온 문제가 있으므로, 공무원은 직무를 수행할 때 정치적 중립을 지키도록 함으로써 직무와 관련 없는 사항에 대해서는 공무원의 정치적 기본권을 보장함.

2) 공무원은 재직 중은 물론 퇴직 후에도 공무원의 직무상 공정성과 청렴성을 훼손해서는 안 된다는 점을 명시함.

마. 정당의 자유 강화 및 국고보조제도의 보완(안 제8조제2항 및 제3항)

1) 현행 규정은 정당이 국민의 정치적 의사형성에 참여하는 데 필요한 조직을 갖추도록 함으로써 소수정당, 신생정당, 풀뿌리 지역정당의 등장을 가로막는 기능을 하고 있는바, 정당의 조직요건을 폐지하여 정당의 자유를 보다 두텁게 보장함.

2) 정당에 대한 국고보조제도가 정치자금 형성을 둘러싼 정치적 부패를 방지하고 소수정당 등의 정치활동을 지원하려

는 취지가 있음에도 불구하고 실제 운영과정에서 거대정당
에 유리하게 운영될 소지가 있으므로 정당에 대한 국고보조
는 '정당한 목적과 공정한 기준'으로 운영되어야 한다는 점
을 명시함.

바. 문화국가 및 다문화사회 지향(안 제9조)

사회변화와 다문화·다민족 시대를 맞아 전통문화의 계승
및 민족문화 창달 노력 의무도 그에 맞추어 합리적으로 개정
할 필요가 있으므로 시대적으로 적절하지 않다고 지적되어 온
'민족문화의 창달' 대신, 국가가 문화의 자율성 및 다양성을 증
진할 의무를 규정하는 한편, 전통문화는 발전적으로 계승하기
위하여 노력해야 한다는 점을 명시함.

사. 기본권의 주체 확대

1) 세계화가 진전된 우리 사회의 변화가 반영될 수 있도록
   친부인권적 성격을 가진 기본권의 주체를 각각 국민에서 사
   람으로 확대할 필요가 있음.
2) 일부 기본권의 주체를 국민에서 사람으로 확대함에 따라
   제2장의 제목을 '국민의 권리와 의무'에서 '기본적 권리와
   의무'로 변경함(안 제2장의 제목).

3) 인간의 존엄성, 행복추구권, 평등권, 신체의 자유, 이중처벌 및 연좌제 금지, 사생활의 자유, 양심의 자유, 종교의 자유, 학문·예술의 자유, 청원권, 재판청구권의 주체를 '국민'에서 '사람'으로 변경함(안 제10조, 제11조제1항, 제13조제1항·제2항, 제14조제1항·제3항, 제17조 제1항·제2항, 제18조, 제19조, 제23조제1항, 제27조제1항 및 제28조제1항).

4) 신설되는 기본권으로서 생명권 및 자기정보통제권의 주체를 사람으로 규정함(안 제12조 및 제22조제2항).

5) 기본권의 주체를 '국민'에서 '사람'으로 변경한 기본권을 제한하는 경우에도 기본권 제한의 한계에 관한 제40조의 규정이 일반원칙으로 적용될 수 있도록 함(안 제40조제1항 및 제2항).

아. 평등권 강화(안 제11조제1항 및 제2항)

1) 사회 통합과 정의를 실현하기 위해 평등권을 보다 강화할 필요가 있는바, 현행 헌법에 규정된 차별금지 사유인 '성별, 종교 또는 사회적 신분' 외에 '장애, 연령, 인종, 지역'을 추가함.

2) 평등권을 보다 실질적으로 실현할 수 있도록 국가에 성별 또는 장애 등으로 인한 차별 상태를 시정하고 실질적 평

등을 실현하기 위해 노력할 의무를 지움으로써 여성우대 정책과 같은 적극적 차별해소 정책이 헌법적으로 정당화될 수 있는 근거를 마련함.

자. 새로운 기본권의 신설

1) 생명권 및 신체와 정신이 훼손당하지 않을 권리는 인간의 존엄과 가치의 본질임에도 불구하고 학설과 판례로 인정될 뿐 우리 헌법에 명시되지 않아 왔으므로 이를 명시적으로 규정함(안 제12조).

2) 정보화 사회로 빠르게 진전되고 있는 현실을 고려하여 알 권리 및 자기정보통제권을 명시적으로 확인함으로써 이에 대한 보장을 강화하고, 정보기본권 보장을 위한 핵심적인 사항으로서 정보의 독점과 격차로 인한 폐해에 대해서는 국가가 예방 및 시정을 위해 노력하도록 함(안 제22조).

3) 사회보장을 국가의 시혜적 의무에서 국민의 기본적 권리로 변경하여, 모든 사회구성원이 기초생활을 유지하지 못하는 위험으로부터 해방되어 존엄과 가치를 지키면서 건강하고 쾌적한 삶을 누릴 수 있도록 사회보장을 받을 권리를 신설함(안 제35조제2항).

4) 인구감소가 사회문제로 대두됨에 따라 임신·출산·양육

을 가정에만 맡길 것이 아니라 국가적 차원에서 장려할 필요가 있으므로, 국민이 임신·출산·양육과 관련하여 국가의 지원을 받을 권리가 있음을 명시함(안 제35조제3항).

5) 주거권을 신설하여 모든 국민이 쾌적하고 안정적인 주거생활을 할 권리를 갖도록 함(안 제35조제4항).

6) 건강권을 신설하여 건강에 관한 권리 보장을 높이고, 국가에 질병 예방과 보건의료 제도 개선을 위해 노력할 의무를 지움(안 제35조제5항).

7) 현행 규정은 어린이, 청소년, 노인 및 장애인 등 사회적 약자에 대해 복지정책의 대상이나 보호 대상으로만 규정하고 있으나, 이들 또한 독립된 인격주체로 존중하는 한편, 우리 사회의 일원으로 다양한 영역에서 동등한 권리를 가진다는 점을 분명히 함(안 제36조).

8) 안전권을 신설하여 모든 국민은 안전하게 살 권리를 가진다는 점을 밝히고, 국가는 재해를 예방하고 그 위험으로부터 사람을 보호할 의무를 진다는 점을 명시함(안 제37조).

차. 영장신청 주체 개정 및 사법절차적 권리 확대 (안 제13조제3항부터 제5항까지 및 제17조제2항)

1) 영장신청 주체는 헌법에 규정할 사항이 아니라 법률로 규

정할 사항으로 보고 있는 다수 입법례에 따라 영장신청의
주체를 검사로 한정하고 있는 부분을 삭제함.

2) 현행 규정은 국선변호인 선정 대상에 형사피고인만 인정
하고 있어 기본권 보장에 미흡하다는 지적이 있으므로 국선
변호인 선정 대상에 형사피의자를 추가함.

3) 체포 또는 구속을 당하는 자에게 '체포 또는 구속의 이유'
와 '변호인의 도움을 받을 권리' 외에 '불리한 진술을 강요
당하지 않을 권리'도 함께 고지하도록 함으로써 사법절차상
국민의 권리를 강화함.

카. 직업의 자유 명확화(안 제16조)

　현행 헌법상 직업선택의 자유는 그 명칭에도 불구하고 직업
선택의 자유뿐만 아니라 직업활동 또는 직업수행의 자유도 포
함하는 것으로 해석되고 있으므로 이를 명확히 함.

타. 사생활 영역에 관한 기본권 규정의 정비(안 제17조)

　주거의 자유, 사생활의 자유 및 통신의 자유는 사생활 영역
에 관한 기본권으로서 체계상 하나의 조문에 규정되는 것이
적절하므로 이를 하나의 조문으로 규정함.

파. 표현의 자유 및 집회·결사의 자유 강화(안 제20조 및 제21조)

1) 언론·출판의 자유와 집회·결사의 자유는 기본권의 주체와 성격이 같지 않음에도 불구하고 하나의 조문에서 규정하고 있어 체계적이지 않으므로, 이를 각각 분리하여 별도의 조문으로 규정하고, 표현의 자유를 명시함.

2) 현행 규정은 통신·방송의 시설기준에 필요한 사항을 법률로 정하도록 하고 있어 언론·출판의 활동을 위축시키는 결과를 초래한다는 지적이 있으므로 이를 삭제함.

3) 언론·출판이 타인의 명예나 권리를 침해한 경우에는 피해자가 이에 대한 배상 외에 정정을 청구할 수 있도록 함.

하. 대학의 자치 보장(안 제23조제2항)

초·중등교육과 다른 대학의 특수성을 고려하여 현행 헌법의 대학의 자율성에 관한 규정을 대학의 자치로 강화하여 이를 학문과 예술의 자유를 정한 조문에 함께 규정함.

거. 선거권, 공무담임권 및 청원권 강화(안 제25조부터 제27조까지)

1) 현행 규정은 선거권, 공무담임권 및 청원권을 법률로 정하는 바에 따라 해당 기본권을 보장하는 방식으로 하고 있어 기본권 보장의 범위가 입법재량 행사에 따라 축소될 수

있는 문제가 있으므로 선거권, 공무담임권 및 청원권이 보장됨을 명시하되 그 구체적인 사항을 법률로 정하도록 변경함으로써 해당 기본권 보장이 강화될 수 있도록 함.

2) 선거연령은 국민의 참정권의 핵심에 해당하는 사항인바, 경제협력 개발기구(OECD) 34개국의 선거연령, 7차례의 선거연령 인하에 관한 헌법소원, 국가인권위원회의 선거연령 규정에 관한 검토 결정 등을 종합하여 18세 이상 국민의 선거권을 헌법이 직접 보장한다고 명시함으로써 최소한 18세 이상 국민에게는 헌법이 직접 선거권을 부여하고 18세 미만의 국민에 대해서는 입법 목적에 따라 국회가 법률로써 선거권을 제한할 수 있도록 하여 국민의 선거 주권을 강화함.

3) 현행 규정은 국민이 청원할 때에는 문서로 하도록 함으로써 정보화 사회로 진전되고 있는 현실을 반영하지 못하고 있으므로 이를 삭제하여 다양한 방식의 청원을 허용하는 한편, 국가에 청원에 대한 심사 결과 통지의무를 지워 청원권을 실질적으로 보장함.

너. 재판청구권 강화(안 제28조, 제110조제1항 및 부칙 제6조)

1) 현행 규정은 '헌법과 법률이 정한 법관'에 의하여 재판을 받도록 함으로써 시민의 사법참여에 장애가 되고 있으므로

이를 '헌법과 법률에 따라 법원의 재판'을 받을 권리로 변경하여 현행의 국민참여재판은 물론 배심제와 참심제가 도입될 수 있는 가능성을 열어 둠.

2) 군인 또는 군무원이 아닌 국민에 대한 군사재판권이 지나치게 넓다는 지적이 있으므로, 군인 또는 군무원이 아닌 국민은 원칙적으로 군사재판을 받지 않는다는 점을 분명히 밝히되, 비상계엄이 선포되고 일정한 요건에 해당하는 경우에만 군사재판을 받도록 함.

3) 재판절차에서 신속한 재판뿐만 아니라 공정한 재판을 받을 권리를 명시함으로써 국민의 재판청구권을 실질적으로 보장함.

4) 국민의 재판청구권 보장을 강화하기 위해 군사법원은 비상계엄 선포 시 또는 국외 파병 시에만 둘 수 있도록 함.

5) 국민의 재판청구권을 현저하게 제한하며 남용 위험성이 있다는 비판이 제기되었던 비상계엄하의 단심제를 폐지함.

6) 헌법 시행 당시 군사법원에 계속 중인 사건으로 군사법원의 관할에서 제외되는 사건은 법원으로 이관된 것으로 보고 이미 행해진 소송행위의 효력은 영향을 받지 않도록 함.

더. 군인 등의 국가배상청구권 제한 폐지(현행 제29조제2항 삭제)

현행 규정은 군인·경찰 등 특수한 신분관계에 있는 사람에 대해 국가 배상청구권을 제한함으로써 군인 등에 대해 불합리한 차별을 하고 있으므로 이를 폐지함.

러. 교육을 받을 권리 강화(안 제32조제1항 및 제2항)

1) 모든 국민은 능력뿐만 아니라 개인의 적성에 따라 교육받을 권리를 가진다는 점을 분명하게 밝힘으로써 교육을 받을 권리를 보장할 때 고려되어야 하는 요소를 추가함.

2) 모든 국민은 보호하는 자녀뿐만 아니라 자녀 아닌 아동에 대해서도 초등교육과 법률로 정하는 교육을 받게 할 의무를 지도록 함으로써 아동의 교육받을 권리를 두텁게 보장함.

머. 노동자의 권리 강화(안 제33조 및 제34조)

1) 노동자에 대한 정당한 대우를 통하여 양극화를 해소하고 지속가능한 성장을 위해 노동자의 기본권을 획기적으로 강화할 필요가 있으므로, 이와 같은 관점에서 노동자의 권리를 대폭 강화함.

2) 일본 제국주의 및 군사독재 시대에 사용되어 온 '근로'라는 용어를 '노동'으로 바꾸고, 헌법적 의무로 보기 어려운

'근로의 의무'를 삭제함.

3) 국가에 동일한 가치의 노동에 대해서는 동일한 수준의 임금이 지급되도록 노력할 의무를 지우는 한편, 최저임금제 시행 의무를 강조함.

4) 노동조건의 결정 과정에서 힘의 균형이 이루어지도록 노사 대등 결정의 원칙을 명시함.

5) 임신·출산·육아는 여성만이 아닌, 여성과 남성 모두의 일이므로 모든 국민은 고용·임금 및 그 밖의 노동조건에서 임신·출산·육아 등으로 부당한 차별을 받지 않도록 하는 한편, 현실적으로 임신·출산·육아의 직접 당사자가 여성인 것을 고려하여 국가로 하여금 여성의 노동을 보호하는 정책을 시행하도록 함.

6) 우선적으로 노동의 기회를 부여받는 대상에 현행 규정의 국가유공자·상이군경 및 전몰군경의 유가족 외에 의사자의 유가족을 추가함.

7) 모든 국민이 인간다운 삶을 누릴 수 있도록 일과 생활의 균형을 위한 국가의 정책 시행 의무를 규정함.

8) 노동자가 노동조건의 개선뿐만 아니라 그 권익을 보호하기 위해 단체행동을 할 권리를 가진다는 점을 분명히 밝힘.

9) 공무원에게도 원칙적으로 노동3권을 인정하면서 현역 군

인 등 법률로 정한 예외적인 경우에만 제한할 수 있도록 함.

10) 법률로 정하는 주요 방위산업체에 종사하는 노동자의 단체행동권은 '필요한 경우에만' 법률로 제한하거나 인정하지 않을 수 있도록 하여 단체행동권 제한의 비례성을 강화함.

버. 환경 보호 및 동물보호 정책의 시행 의무(안 제38조제2항 및 제3항)

환경 보전, 미래 세대를 고려한 지속가능성의 가치와 동물보호는 국제규범이나 인류가 공유해야 할 보편가치로 정착되고 있으므로 이러한 시대변화를 반영하여 국가와 국민은 지속가능한 발전이 가능하도록 환경을 보호할 의무를 지고, 국가는 동물 보호를 위한 정책을 수립하여 시행하도록 함.

서. 국방의 의무를 이행하는 국민의 인권 보장(안 제42조제2항)

군인 등 국방의 의무를 이행하는 국민의 경우 군인이라는 지위 등을 이유로 기본권 보장이 미흡한 경우가 많았으므로 국가에 국방의 의무를 이행하는 국민의 인권을 보장하기 위한 정책을 시행할 의무를 지움.

어. 국회의원 선거의 비례성 원칙 명시(안 제44조제3항)

1) 현재의 지역구 국회의원 선거방식인 소선거구 다수대표

제는 많은 사표를 발생시켜 국회의 국민 대표성을 제대로 반영하지 못하고 있음.

2) 선거구 등 국회의원 선거에 관한 사항은 현행 헌법과 같이 법률로 정하도록 하되, '국회의 의석은 투표자의 의사에 비례하여 배분해야 한다'는 선거의 비례성 원칙을 명시함.

저. 국회의원에 대한 국민소환제 및 국민발안제 도입(안 제45조제2항 및 제56조)

1) 권력의 감시자 및 입법자로서 직접 참여하고자 하는 국민의 요구를 반영하여 국민이 국회의원을 소환하고 직접 법률안을 발의할 수 있도록 하는 등 직접 민주제를 대폭 확대하여 대의민주주의를 보완함.

2) 다만, 국회에서 사회적 합의를 통해 구체적인 내용을 정할 수 있도록 국민소환과 국민발안의 요건과 절차 등 구체적인 사항은 법률로 정하도록 함.

처. 정부의 법률안 제출권에 대한 국회의 통제 강화(안 제55조제2항)

정부의 법률안 제출권은 유지하되, 국회의 입법 통제를 강화하기 위해 국회의원 10명 이상의 동의를 받아 국회에 법률안을 제출할 수 있도록 함.

커. 국가자치분권회의 신설 등 중앙과 지방의 소통 강화(안 제55조제3항 및 제97조)

1) 입법과정에서 지방의 의견이 반영될 수 있도록 지방자치와 관련된 법률안에 대해서는 국회의장이 지방정부에 이를 통보하도록 하고, 지방정부가 이에 대해 의견을 제시할 수 있도록 함.

2) 중앙과 지방 간의 소통과 협력체계를 구축하고, 지방의 실질적인 국정참여를 확대하기 위해 대통령, 국무총리, 법률로 정하는 국무위원과 지방행정부의 장으로 구성되는 국가자치분권회의를 심의기구로 신설함.

3) 국가자치분권회의는 중앙행정부와 지방행정부 간 협력을 추진하고 지방자치와 지역 간 균형발전에 관련되는 중요 정책을 심의함.

터. 국회의 예산심의권 강화(안 제58조)

1) 국회의 재정 통제 강화와 행정부의 예산 집행 책임 강화를 위해 예산법률주의를 도입함.

2) 정부에서 예산안을 편성하여 국회에 제출하면 국회는 예산안을 심의하여 예산법률로 확정하도록 하되, 세부적인 내용은 법률로 정하도록 함.

3) 국회의 충분한 예산심의 기간 확보를 위해 정부의 예산안 국회 제출시기를 현행 '회계연도 개시 90일 전까지'에서 '회계연도 개시 120일 전까지'로 앞당김.

퍼. 조약체결에 대한 국회 동의권 강화(안 제64조제1항제8호)

국회가 체결·비준에 동의권을 갖는 대상 조약에 '법률로 정하는 조약'을 추가하여 국회 동의 대상 조약을 법률로 확대할 수 있도록 함.

허. 제4장의 편제 개선(안 제4장제1절부터 제4절까지)

1) 대통령은 행정부의 수반임에도 종전 제4장에서는 제1절의 제목을 대통령으로, 제2절의 제목을 행정부로 각각 규정하고 있었음.

2) 대통령이 행정부와 별개의 존재가 아니라는 것을 나타내기 위해 제4장제2절의 제목 행정부를 삭제하고, 같은 절 제1관부터 제3관까지의 규정을 각각 제4장제2절부터 제4절까지로 변경 규정함.

3) 안 제4장제3절(종전의 제4장제2절제2관)에 국가자치분권회의 규정이 마련됨에 따라, 제4장제3절의 제목을 국무회의에서 국무회의와 국가자치분권회의로 변경함.

4) 종전의 제목이 국무회의인 제4장제2절제2관에서 규정하던 대통령 자문기구에 관한 규정을 대통령에 관한 절인 같은 장 제1절로 이관하여 규정함.

고. 대통령의 국가원수 지위 폐지(안 제70조제1항)

대통령의 국가원수로서의 지위는 대통령이 다른 헌법기관을 초월한 우월적 지위에 있는 것으로 인식되어 제왕적 대통령의 근거로 작용될 우려가 있으므로 대통령의 국가원수 지위를 삭제하는 한편, 외국에 대해 국가를 대표하도록 하던 것을 국내외에 관계없이 국가를 대표하도록 변경함.

노. 대통령 선거 결선투표제 도입 및 피선거연령 삭제(안 제71조 및 제72조제3항)

1) 국민의 지지율에 관계없이 상대 후보자보다 한 표라도 더받은 사람이 대통령으로 당선되는 상대적 다수대표제의 문제점을 개선하고 대통령 선거에서 민주적 정당성을 높이기 위해 결선투표제도를 도입하고, 결선투표는 임기만료 등으로 인한 첫 대통령 선거일부터 14일 이내에 실시하도록 함.

2) 결선투표 실시 전에 결선투표의 당사자가 사퇴·사망하여 최고득표자가 없게 된 경우 재선거를 실시하고, 최고득표자

1명만 남게 된 경우 최고득표자가 당선자가 됨.

3) 대통령 피선거연령을 삭제하여 40세 미만이라도 국회의원으로 선출될 수 있는 사람은 대통령 선거에 출마할 수 있도록 함.

도. 대통령 선서내용 수정(안 제73조)

대통령 취임 시의 선서내용 중 '민족문화의 창달'을 '문화의 창달'로 변경함으로써 민족문화뿐만 아니라 다양한 문화를 발전시켜 나갈 수 있도록 함.

로. 대통령 임기 조정 및 1회 연임 허용(안 제74조 및 부칙 제3조)

1) 대통령 단임제의 문제점을 치유하고 안정된 국정 운영의 기반을 마련하기 위해 현행 5년의 대통령 임기를 4년으로 하되, 대통령이 다음 선거에서 다시 선출되는 경우에 한정하여 한 차례만 더 대통령직을 수행할 수 있도록 함.

2) 대통령 임기 조정 및 연임에 관한 개정 헌법 규정이 이 헌법의 개정을 제안한 당시의 대통령에게는 적용되지 않음을 명확하게 하기 위해 해당 대통령의 임기는 2022년 5월 9일까지로 하며, 중임할 수 없도록 규정함.

모. 대통령 권한대행 제도 개선(안 제75조 및 제96조제4호)

1) 종전에 대통령 권한대행 사유로 규정하고 있던 '사고' 외에 '질병'을 명시하여, 대통령 권한대행의 개시 여부에 대한 해석상 혼란을 줄이는 한편, 권한대행 사유로 질병, 사고 외에 '등'을 추가함으로써 전형적인 사고에 포함하기 어려운 직무수행 불가능 원인이 발생한 경우에도 대통령 권한대행이 개시될 수 있도록 함.

2) 대통령이 사임하고자 하는 경우나 질병, 사고 등으로 직무를 더 이상 수행할 수 없는 상태로서 의사표시를 할 수 있는 경우에는 권한 대행자에게 서면으로 그 사정을 통보하도록 하여 예견가능성을 확보할 수 있도록 함.

3) 질병이 위중한 경우 등 대통령이 스스로 의사표시를 할 수 없거나 의사표시를 할 수 있음에도 하지 않은 경우에는 국무총리로 하여금 국무회의의 심의를 거쳐 헌법수호기관인 헌법재판소에 권한대행의 개시 등에 대한 판단을 신청하도록 하고, 헌법재판소의 최종적인 판단에 따르도록 함.

4) 대통령이 스스로 복귀의사를 표시하면 권한대행은 종료되고 대통령으로 복귀하는 것을 원칙으로 하되, 대통령의 직무 수행 가능 여부에 대한 다툼이 있을 때에는 대통령 본인, 재적 국무위원 3분의 2 이상 또는 국회의장이 신청하여

헌법재판소에서 결정하도록 함.

5) 대통령 권한대행자로서 그 직을 수행하고 있는 동안에는 대통령 선거에 출마할 수 없도록 하여 맡은 바 직무를 충실하게 수행할 수 있도록 함.

보. 특별사면에 대한 절차적 통제 강화(안 제83조)

대통령이 특별사면을 명하려면 사면위원회의 심사를 거치도록 함으로써 일반사면 외에 특별사면에 대해서도 대통령의 자의적 사면권 행사가 이루어지지 않도록 절차적 통제 규정을 헌법상 명문화함.

소. 국가원로자문회의 폐지(현행 제90조 삭제)

국가원로자문회의는 1989년 3월에 폐지되어 현재는 헌법에 형식상의 근거만 있어서 실제 존재하지 않는 국가원로자문회의를 폐지함.

오. 국무총리의 행정통할상 자율권 강화(안 제93조)

국무총리의 행정통할상 자율권을 보장하기 위해 행정각부를 통할하는 데에 있어 대통령의 명을 받도록 하는 부분을 삭제함.

조. 배심재판 등의 근거 마련(안 제101조제1항)

배심재판 등의 근거를 마련하기 위해 국민은 법률로 정하는 바에 따라 배심 또는 그 밖의 방법으로 재판에 참여할 수 있도록 규정함.

초. 대법원 조직 개편(안 제102조제1항)

사건의 전문화, 복잡화 추세와 대법관 증원 수요에 실효성 있게 대응할 수 있도록 대법원에 일반재판부와 전문재판부를 둘 수 있도록 함.

코. 대법원장 인사 권한 조정 및 대법관·일반 법관 임명절차 개선(안 제104조제2항부터 제5항까지)

1) 대법원장에게 집중된 인사권한을 합리적으로 조정하기 위해 대법관은 대법관추천위원회의 추천을 거쳐 대법원장의 제청으로 국회의 동의를 받아 대통령이 임명하도록 함.
2) 대법관추천위원회는 대통령이 지명하는 3명, 대법원장이 지명하는 3명, 법관회의가 선출하는 3명의 위원으로 구성하도록 함.
3) 일반 법관은 법관인사위원회의 제청으로 대법관회의의 동의를 받아 대법원장이 임명하도록 함.

4) 대법관추천위원회 및 법관인사위원회의 조직과 운영 등 구체적인 사항은 법률로 정하도록 함.

토. 일반 법관 임기제 폐지(현행 제105조제3항 삭제)

법관의 신분 보장을 강화하고 재판의 독립성과 중립성을 제고하기 위해 일반 법관의 임기제(10년, 연임)를 폐지함.

포. 법관 징계 종류 추가(안 제106조제1항)

법관의 임기제 폐지를 보완하여 법관의 책임성을 담보하기 위해 법관의 징계 종류에 해임을 추가함.

호. 대법원 심사 대상 추가(안 제107조제2항)

1) 지방의회가 제정하는 조례와 지방행정부의 장이 정하는 자치규칙의 헌법 또는 법률 위반 여부가 재판의 전제가 된 경우에는 대법원에 최종적인 심사권한이 있음을 명시함.
2) 행정재판권이 사법권의 한 내용이라는 해석이 확고한 상황에서 처분의 최종 심사권이 대법원에 있다고 규정할 실익이 없어 그 심사대상에서 처분을 삭제함.

구. 헌법재판소 관장 사항 추가 등(안 제111조제1항제6호 및 제7호)

1） 대통령 권한대행의 개시 및 대통령의 직무 수행 가능 여부에 대한 판단을 헌법재판소에서 관장하도록 함에 따라 관장 사항에 추가함.

2） 향후 헌법재판소의 심판 수요에 효율적으로 대응할 수 있도록 관장 사항에 법률로 정하는 사항에 관한 심판을 추가하여 법률로 헌법재판소의 관장 사항을 확대할 수 있도록 함.

누. 헌법재판소 재판관 자격 개방 및 구성방식 변경(안 제111조제2항·제3항 및 부칙 제5조제2항)

1） 헌법재판소가 다양한 배경을 가진 인사로 구성될 수 있도록 하여 정책재판기관으로서의 기능을 강화하기 위해 헌법재판소 재판관의 자격 요건인 법관의 자격을 삭제함.

2） 대법원장의 인사권한을 합리적으로 조정하기 위해 헌법재판관 중 대법원장이 지명하던 3명을 대법관회의에서 선출하도록 함.

3） 개정 헌법 시행 당시 대법원장의 지명으로 임명된 헌법재판소 재판관은 대법관회의에서 선출되어 임명된 것으로 봄.

두. 헌법재판소의 장 선임방법 변경(안 제111조제4항)

  1） 대통령의 권한을 합리적으로 분산하고 헌법재판소의 독
    립성을 강화하기 위해 대통령이 국회 동의를 받아 임명하던
    헌법재판소의 장을 재판관 중에서 호선하도록 함.

  2） 이로써 헌법재판소의 장의 임기는 헌법재판관의 잔여 임
    기에 한정되므로 헌법재판소의 장의 임기에 대한 그 동안의
    해석상 논란을 해소함.

루. 감사원의 독립기관화(안 제114조부터 제117조까지 및 부칙 제5조제3항)

  1） 감사원의 직무상 독립성을 강화하기 위해 현행 헌법 제
    4장제2절 행정부의 제4관에서 규정하던 감사원 규정을 제
    7장으로 편제를 달리하여 독립기관으로 규정하고, 감사원
    은 독립하여 직무를 수행하도록 헌법상 명문화함.

  2） 감사원은 원장을 포함한 9명의 감사위원으로 구성하며,
    감사위원은 대통령이 임명하도록 하되, 그중 3명은 국회에
    서 선출하고, 3명은 대법관회의에서 선출하도록 함으로써
    감사원 구성에서 국가권력 간의 균형을 도모함.

  3） 감사원장은 감사위원 중에서 국회의 동의를 받아 대통령
    이 임명하도록 함으로써 독립기관의 장으로서 민주적 정당
    성을 제고하는 한편, 대통령의 인사권을 합리적으로 조정함.

4) 감사위원의 임기를 대법관이나 헌법재판소 재판관과 동일하게 6년으로 하되, 감사위원으로 재직 중인 사람을 감사원장으로 임명하는 경우 감사원장의 임기를 둘러싼 해석상 논란을 없애기 위해 해당 감사원장의 임기는 감사위원으로서 남은 기간으로 명확히 규정함.

5) 감사원의 정치적 중립성을 확보하기 위해 헌법적 중립의무를 부과하고, 감사원 구성원의 신분상의 독립을 위해 감사위원은 탄핵되거나 금고 이상의 형을 선고받지 않고는 파면되지 않도록 함.

6) 감사원은 감사에 관한 절차, 감사원의 내부 규율과 감사사무 처리에 관한 규칙을 제정할 수 있도록 헌법상 명문으로 규정하여 감사원 조직운영상의 자율권을 보장함.

7) 감사원을 헌법상 독립기관화함에 따라, 개정 헌법 시행 당시 감사원장, 감사위원은 개정 헌법에 따라 감사원장, 감사위원이 임명될 때까지 직무를 수행하며, 임기는 개정 헌법에 따라 감사원장, 감사위원이 임명된 날의 전날까지로 함.

무. 중앙선거관리위원회 위원 구성방식 변경(안 제118조제2항 및 부칙 제5조제4항)

1) 중앙선거관리위원회 위원 9명 중 종전에 대법원장이 지

명하던 3명은 대법원장의 인사권을 축소하기 위해 대법관 회의에서 선출하도록 하고, 그 외에 6명은 종전과 같이 대통령이 3명을 임명하고, 국회가 3명을 선출하도록 함.

2) 개정 헌법 시행 당시 대법원장이 지명한 중앙선거관리위원회 위원은 대법관회의에서 선출한 것으로 봄.

부. 선거운동의 자유 보장(안 제120조제1항)

그간 균등한 기회 보장을 앞세워 선거운동을 지나치게 규제한 측면이 있었다는 점에 대한 반성적 고려에서, 선거운동은 누구나 자유롭게 할 수 있도록 하고, 후보자 간 공정한 기회를 보장하기 위해 필요한 경우에만 법률로 제한할 수 있도록 함.

수. 지방정부에 대한 주민참여 강화(안 제121조제1항 및 제3항)

1) 실질적 지방민주주의의 실현을 위해 지방정부의 자치권이 주민으로부터 나온다는 것을 명시하고, 주민이 지방정부를 조직하고 운영하는 데 참여할 권리를 가짐을 명확히 함.

2) 주민들이 직접 지방정부의 부패와 독주를 견제할 수 있도록 주민발안, 주민투표 및 주민소환의 헌법적 근거를 신설함.

우. 지방정부에 관한 주요 사항의 법률 유보(안 제121조제2항)

지방정부의 종류, 구역 등 지방정부에 관한 주요 사항을 법률로 정하도록 하여 국회가 시대 상황에 맞추어 지방정부의 종류와 구역 등을 탄력적으로 정할 수 있도록 함.

주. 보충성의 원칙 명시(안 제121조제4항)

지방정부의 자치권을 실질적으로 보장하여 지방정부가 지역주민의 삶과 직결된 문제를 결정하는 지방분권이 확립될 수 있도록 국가와 지방정부 간, 지방정부 상호 간 사무의 배분은 주민에게 가까운 지방정부가 우선한다는 보충성 원칙에 따라 법률로 정하도록 함.

추. 지방정부 등 명칭 변경 및 자주조직권 부여(안 제122조제2항)

1) 중앙과 지방이 종속적·수직적 관계가 아닌 독자적·수평적 관계라는 것이 분명히 드러날 수 있도록 '지방자치단체'를 '지방정부'로, 지방자치단체의 집행기관 명칭을 '지방행정부'로 함.

2) 지방의회의 구성 방법, 지방행정부의 유형, 지방행정부의 장의 선임 방법 등 지방정부의 조직과 운영에 관한 기본적인 사항은 지방정부에 관한 주요 사항이기도 하므로 안 제

121조제2항과 같이 법률로 정하도록 하되, 지방정부가 스스로 적합한 조직을 구성할 수 있도록 구체적인 내용은 조례로 정하도록 함.

쿠. 자치입법권 강화(안 제123조)

1) 지역의 특색에 맞게 정책을 시행할 수 있는 기반을 마련하기 위해 지방정부의 자치입법권이 보다 폭넓게 보장되도록 '법령의 범위 안에서' 조례를 제정할 수 있도록 하던 것을 '법률에 위반되지 않는 범위에서' 조례를 제정할 수 있도록 자치입법권을 확대함.

2) 다만, 주민의 기본권이 침해되지 않도록 법률의 위임이 있는 경우에만 조례로 권리를 제한하거나 의무를 부과할 수 있도록 함.

3) 지방행정부의 장도 법률 또는 조례를 집행하기 위해 필요한 사항과 법률 또는 조례에서 구체적으로 범위를 정하여 위임받은 사항에 관하여 자치규칙을 정할 수 있도록 함.

투. 자치재정권 보장 및 재정조정제도 신설(안 제124조)

1) 정책시행과 재원조달의 불일치로 인하여 중앙정부와 지방정부가 서로에게 재정 부담을 떠넘기는 문제를 해결하기

위해 지방정부는 자치사무의 수행에 필요한 경비를 스스로 부담하고, 국가 또는 다른 지방정부가 위임한 사무를 집행하는 경우 그 비용은 위임하는 국가 또는 다른 지방정부가 부담하도록 함.

2) 실질적 지방자치에 필수적인 재정확보를 위해 법률에 위반되지 않는 범위에서 자치세의 종목과 세율, 징수 방법 등에 관한 조례를 제정할 수 있도록 하여 안 제123조제1항 단서에 대한 특별규정을 둠으로써 지방정부의 자치재정권을 보장하고, 조세로 조성된 재원은 국가와 지방정부의 사무 부담 범위에 부합하게 배분하도록 함.

3) 한편, 이러한 자치재정권 보장이 지방정부의 재정을 악화시키거나 지역 간 재정격차 확대를 초래하지 않도록 국가와 지방정부 간, 지방정부 상호 간의 재정조정에 대한 헌법적 근거를 마련함.

푸. 경제민주화의 강화(안 제125조 및 제130조)

1) 경제민주화는 경제주체 간의 조화뿐만 아니라 상생을 통해서도 실현될 수 있으므로 경제민주화 조항에 '상생'을 추가함.

2) 골목상권 보호와 재래시장 활성화 등 소상공인의 보호가

주요 현안이 되고 있는 상황을 고려하여 중소기업의 개념에
포함되어 있던 소상공인을 별도로 분리하여 보호·육성 대
상으로 명시함.
3) 양극화 해소, 일자리 창출 등 공동의 이익과 사회적 가치
의 실현을 위해 상호협력과 사회연대를 바탕으로 경제활동
이 이루어지는 사회적 경제가 활성화될 수 있도록 국가에
사회적 경제의 진흥 의무를 부과함.

후. 국토와 자원의 지속가능성 확보 의무 강화(안 제126조)

1) 국가가 국토와 자원의 이용·개발과 보전을 위하여 필요
한 계획을 수립할 때 미래 세대의 이용가능성 등을 고려하
도록 국가의 계획 수립 목적에 지속가능성에 관한 내용을
추가함.
2) 해양자원, 산림자원, 풍력 등은 원칙적으로 국가의 보호
를 받으면서 제한적으로 특허될 수 있는 자원과 자연력에
포함됨을 추가로 명시함.

그. 토지공개념의 강화(안 제128조제2항)

1) 토지공개념은 해석상 인정되고 있으나, 개발이익환수 등
토지공개념과 관련된 정책에 대해 끊임없이 논란이 있어

왔음.

2) 사회적 불평등 심화 문제를 해소하기 위해 토지의 공공성과 합리적 사용을 위하여 필요한 경우에만 법률로써 특별한 제한이나 의무를 부과할 수 있도록 토지공개념의 내용을 명시함.

ㄴ. 농어업의 공익적 기능 명시(안 제129조)

식량의 안정적 공급과 생태 보전 등 농어업이 갖는 공익적 기능을 명시하고, 국가가 이러한 공익적 기능을 바탕으로 농어촌의 지속가능한 발전과 농어민의 삶의 질 향상을 위한 지원 등에 대한 계획을 수립·시행하도록 함.

ㄷ. 소비자의 권리 강화(안 제131조)

기업에 비해 상대적으로 취약한 소비자의 권익을 위해 소비자의 권리를 국가가 보장하도록 하고, 국가가 보호하는 소비자 보호운동을 보다 폭넓은 개념인 소비자운동으로 변경함.

ㄹ. 기초 학문의 장려(안 제134조제1항)

그동안 비교적 취약했던 기초 학문 분야를 강화하기 위해 국가에 기초 학문 장려 의무를 부과함.

ㅁ. 헌법의 한글화 및 알기 쉬운 헌법

1) 알기 쉬운 법령 만들기 사업을 통하여 거의 모든 법령이 한글화되고 사회 각 분야에서도 문서를 알기 쉽게 쓰도록 장려되고 있는데도 대한민국의 가치와 질서를 상징하는 최고법이면서 최고의 공문서인 헌법이 여전히 한자로 표기되어 있는 것은 물론, 어렵고 고루한 한자어와 일본식 문투의 문장이 많이 사용되고 있음.

2) 「국어기본법」 제14조에 따르면, 국가기관은 공문서를 일반 국민이 알기 쉬운 용어와 문장으로 써야 하며, 어문규범에 맞추어 한글로 작성하도록 되어 있고, 「행정효율과 협업 촉진에 관한 규정」 제7조에 따르면 공문서는 어문규정에 맞게 한글로 작성하되 뜻을 정확하게 전달하기 위해 필요한 경우에는 괄호 안에 한자 등을 함께 적을 수 있도록 되어 있으므로, 현행 헌법을 이와 같은 법령의 취지에 맞춰 한글화하고 알기 쉽게 고칠 필요가 있음.

3) 한자로 적혀 있는 헌법을 전부 한글화하면서 가능한 한 능동형의 자연스러운 문장이 되게 하고, '않는다', '해야 한다' 등의 준말을 사용하여 친숙한 문장이 되도록 함.

4) '증거인멸의 염려'를 '증거를 없앨 염려'로, '조력'을 '도움'으로 바꾸는 등 한자어는 가능하면 우리말로 풀어 쓰면

서 '영전(榮典)', '의사자(義死者)', '부서(副署)' 등 어렵거나 이중적 의미를 가질 수 있는 일부 한자어는 한자를 괄호 안에 함께 적음.

5) '의하여'를 '따라'로, '에 있어서'를 '에서'로 하거나 습관적으로 쓰이는 '인하여'를 최대한 배제하고 '국민전체에 대한 봉사자이며'와 같은 명사형 문투 대신 '국민 전체에게 봉사하며'와 같은 동사형 문투를 사용하는 등 일본식의 문투를 편하고 활력 있는 우리 식의 문투로 바꿈.

6) 법령용어로서 의미가 굳어지거나 변경할 경우 의미가 바뀌거나 해석에 혼란을 가져올 수 있는 부분들은 현행을 존중하는 등 최대한 현실적인 수준에서 한글화와 알기 쉬운 헌법이 되게 함.

브. 시행일 및 시행 전 사전준비 등(안 부칙 제1조 및 제2조)

1) 기본권 강화, 지방분권 확대 등이 즉시 적용되도록 개정 헌법은 공포한 날부터 시행하도록 함. 다만, 법률이 제정·개정되지 않으면 실현될 수 없는 규정은 그 법률이 시행되는 때부터 시행하도록 하되, 입법의 지연으로 해당 규정의 시행이 무한정 지연되는 것을 방지하기 위하여 늦어도 2020년 5월 30일에는 해당 규정이 시행되도록 함.

2）개정 헌법을 시행하기 위해 필요한 법률의 제정, 개정, 그 밖에 개정 헌법의 시행에 필요한 준비를 시행 전에도 할 수 있도록 함.

3）개정 헌법이 시행되기 전까지는 그에 해당하는 종전의 규정을 적용하도록 함.

스. 대통령 선거와 지방선거 동시 실시(안 부칙 제4조)

빈번한 전국선거로 인한 국력 낭비를 방지하고, 국회의원 선거가 중간평가의 역할을 하는 보다 합리적인 정치제도를 마련하기 위해, 2018년 6월 13일에 실시하는 지방선거와 그 보궐선거 등으로 선출된 지방의회 의원과 지방자치단체의 장의 임기를 2022년 3월 31일까지로 하고, 그 후임자에 관한 선거는 대통령 선거와 동시에 실시하도록 함.

4. 관계법령

대한민국헌법

제128조

① 헌법 개정은 국회재적의원 과반수 또는 대통령의 발의로

제안된다.

② 대통령의 임기연장 또는 중임변경을 위한 헌법 개정은 그 헌법 개정 제안 당시의 대통령에 대하여는 효력이 없다.

제129조

제안된 헌법 개정안은 대통령이 20일 이상의 기간 이를 공고하여야 한다.

제130조

① 국회는 헌법 개정안이 공고된 날로부터 60일이내에 의결하여야 하며, 국회의 의결은 재적의원 3 분의 2 이상의 찬성을 얻어야 한다.

② 헌법 개정안은 국회가 의결한 후 30일 이내에 국민투표에 부쳐 국회의원선거권자 과반수의 투표와 투표자 과반수의 찬성을 얻어야 한다.

③ 헌법 개정안이 제2항의 찬성을 얻은 때에는 헌법 개정은 확정되며, 대통령은 즉시 이를 공포하여야 한다.

헌법 개정안
대한민국헌법 전부를 다음과 같이 개정한다

전문

유구한 역사와 전통에 빛나는 우리 대한국민은 3·1운동으로 건립된 대한민국임시정부의 법통과 불의에 항거한 4·19혁명, 부마민주항쟁과 5·18민주화운동, 6·10항쟁의 민주이념을 계승하고, 조국의 민주개혁과 평화 통일의 사명을 바탕으로 정의·인도와 동포애로써 민족의 단결을 공고히 하고, 모든 사회적 폐습과 불의를 타파하며, 자치와 분권을 강화하고, 자율과 조화를 바탕으로 자유민주적 기본질서를 더욱 확고히 하여 정치·경제·사회·문화의 모든 영역에서 개개인의 기회를 균등히 하고, 능력을 최고도로 발휘하게 하며, 자유와 권리에 따르는 책임과 의무를 완수하게 하여, 안으로는 국민생활의 균등한 향상과 지역 간 균형발전을 도모하고 밖으로는 항구적인 세계

평화와 인류공영에 이바지함으로써 자연과의 공존 속에서 우리들과 미래 세대의 안전과 자유와 행복을 영원히 확보할 것을 다짐하면서 1948년 7월 12일에 제정되고 9차에 걸쳐 개정된 헌법을 이제 국회의 의결을 거쳐 국민투표에 의하여 개정한다.

제1장

총강

제1조

① 대한민국은 민주공화국이다.

② 대한민국의 주권은 국민에게 있고, 모든 권력은 국민으로부터 나온다.

③ 대한민국은 지방분권국가를 지향한다.

제2조

① 대한민국의 국민이 되는 요건은 법률로 정한다.

② 국가는 법률로 정하는 바에 따라 재외국민을 보호할 의무를 진다.

제3조

① 대한민국의 영토는 한반도와 그 부속도서(附屬島嶼)로 한다.

② 대한민국의 수도(首都)에 관한 사항은 법률로 정한다.

제4조

대한민국은 통일을 지향하며, 자유민주적 기본질서에 바탕을 둔 평화 통일 정책을 수립하여 추진한다.

제5조

① 대한민국은 국제평화를 유지하기 위하여 노력하고 침략적 전쟁을 부인한다.

② 국군은 국가의 안전보장과 국토방위의 신성한 의무를 수행함을 사명으로 하며 그 정치적 중립성은 준수된다.

제6조

① 헌법에 따라 체결·공포된 조약과 일반적으로 승인된 국제법규는 국내법과 같은 효력을 가진다.

② 외국인에게는 국제법과 조약으로 정하는 바에 따라 그 지위를 보장한다.

제7조

① 공무원은 국민 전체에게 봉사하며, 국민에 대하여 책임을 진다.

② 공무원의 신분은 법률로 정하는 바에 따라 보장된다.

③ 공무원은 직무를 수행할 때 정치적 중립을 지켜야 한다.

④ 공무원은 재직 중은 물론 퇴직 후에도 공무원의 직무상 공정성과 청렴성을 훼손해서는 안 된다.

제8조

① 정당은 자유롭게 설립할 수 있으며, 복수정당제는 보장된다.

② 정당은 그 목적·조직과 활동이 민주적이어야 한다.

③ 정당은 법률로 정하는 바에 따라 국가의 보호를 받으며, 국가는 정당한 목적과 공정한 기준으로 법률로 정하는 바에 따라 정당운영에 필요한 자금을 보조할 수 있다.

④ 정부는 정당의 목적이나 활동이 민주적 기본질서에 위반될 때에는 헌법재판소에 정당의 해산을 제소할 수 있고, 제소된 정당은 헌법재판소의 심판에 따라 해산된다.

제9조

국가는 문화의 자율성과 다양성을 증진하고, 전통문화를 발전적으로 계승하기 위하여 노력해야 한다.

제2장

기본적 권리와 의무

제10조

모든 사람은 인간으로서 존엄과 가치를 가지며, 행복을 추구할 권리를 가진다. 국가는 개인이 가지는 불가침의 기본적 인권을 확인하고 보장할 의무를 진다.

제11조

① 모든 사람은 법 앞에 평등하다. 누구도 성별·종교·장애·연령·인종·지역 또는 사회적 신분을 이유로 정치적·경제적·사회적·문화적 생활의 모든 영역에서 차별을 받아서는 안 된다.

② 국가는 성별 또는 장애 등으로 인한 차별 상태를 시정하고

실질적 평등을 실현하기 위하여 노력해야 한다.

③ 사회적 특수계급 제도는 인정되지 않으며, 어떠한 형태로
도 창설할 수 없다.

④ 훈장을 비롯한 영전(榮典)은 받은 자에게만 효력이 있고,
어떠한 특권도 따르지 않는다.

제12조

모든 사람은 생명권을 가지며, 신체와 정신을 훼손당하지 않
을 권리를 가진다.

제13조

① 모든 사람은 신체의 자유를 가진다. 누구도 법률에 따르지
않고는 체포·구속·압수·수색 또는 심문을 받지 않으며, 법
률과 적법한 절차에 따르지 않고는 처벌·보안처분 또는 강
제노역을 받지 않는다.

② 누구도 고문당하지 않으며, 형사상 자기에게 불리한 진술
을 강요당하지 않는다.

③ 체포·구속이나 압수·수색을 하려 할 때에는 적법한 절차
에 따라 청구되고 법관이 발부한 영장을 제시해야 한다. 다
만, 현행범인인 경우와 장기 3년 이상의 형에 해당하는 죄

를 범하고 도피하거나 증거를 없앨 염려가 있는 경우 사후에 영장을 청구할 수 있다.

④ 누구나 체포 또는 구속을 당한 경우 즉시 변호인의 도움을 받을 권리를 가진다. 형사피의자 또는 형사피고인이 스스로 변호인을 구할 수 없을 때에는 법률로 정하는 바에 따라 국가가 변호인을 선임하여 도움을 받도록 해야 한다.

⑤ 체포나 구속의 이유, 변호인의 도움을 받을 권리와 자기에게 불리한 진술을 강요당하지 않을 권리가 있음을 고지받지 않고는 누구도 체포나 구속을 당하지 않는다. 체포나 구속을 당한 사람의 가족 등 법률로 정하는 사람에게는 그 이유와 일시·장소를 지체 없이 통지해야 한다.

⑥ 체포나 구속을 당한 사람은 법원에 그 적부(適否)의 심사를 청구할 권리를 가진다.

⑦ 고문·폭행·협박·부당한 장기간의 구속 또는 기망(欺罔), 그 밖의 방법으로 말미암아 자의(自意)로 진술하지 않은 것으로 인정되는 피고인의 자백, 또는 정식재판에서 자기에게 불리한 유일한 증거가 되는 피고인의 자백은 유죄의 증거로 삼을 수 없으며, 그런 자백을 이유로 처벌할 수도 없다.

제14조

① 누구도 행위 시의 법률에 따라 범죄를 구성하지 않는 행위로 소추되지 않으며, 동일한 범죄로 거듭 처벌받지 않는다.

② 모든 국민은 소급입법(遡及立法)으로 참정권을 제한받거나 재산권을 박탈당하지 않는다.

③ 누구도 자기의 행위가 아닌 친족의 행위로 불이익한 처우를 받지 않는다.

제15조

모든 국민은 거주·이전의 자유를 가진다.

제16조

모든 국민은 직업의 자유를 가진다.

제17조

① 모든 사람은 사생활의 비밀과 자유를 침해받지 않는다.

② 모든 사람은 주거의 자유를 침해받지 않는다. 주거에 대한 압수나 수색을 하려 할 때에는 적법한 절차에 따라 청구되고 법관이 발부한 영장을 제시해야 한다.

③ 모든 국민은 통신의 비밀을 침해받지 않는다.

제18조

모든 사람은 양심의 자유를 가진다.

제19조

① 모든 사람은 종교의 자유를 가진다.

② 국교는 인정되지 않으며, 종교와 정치는 분리된다.

제20조

① 언론·출판 등 표현의 자유는 보장되며, 이에 대한 허가나 검열은 금지된다.

② 통신·방송·신문의 기능을 보장하기 위하여 필요한 사항은 법률로 정한다.

③ 언론·출판은 타인의 명예나 권리 또는 공중도덕이나 사회윤리를 침해해서는 안 된다. 언론·출판이 타인의 명예나 권리를 침해한 경우 피해자는 이에 대한 배상·정정을 청구할 수 있다.

제21조

집회·결사의 자유는 보장되며, 이에 대한 허가는 금지된다.

제22조

① 모든 국민은 알권리를 가진다.

② 모든 사람은 자신에 관한 정보를 보호받고 그 처리에 관하여 통제할 권리를 가진다.

③ 국가는 정보의 독점과 격차로 인한 폐해를 예방하고 시정하기 위하여 노력해야 한다.

제23조

① 모든 사람은 학문과 예술의 자유를 가진다.

② 대학의 자치는 보장된다.

③ 저작자, 발명가, 과학기술자와 예술가의 권리는 법률로써 보호한다.

제24조

① 모든 국민의 재산권은 보장된다. 그 내용과 한계는 법률로 정한다.

② 재산권은 공공복리에 적합하도록 행사해야 한다.

③ 공공필요에 의한 재산권의 수용·사용 또는 제한 및 그 보상에 관한 사항은 법률로 정하되, 정당한 보상을 해야 한다.

제25조

모든 국민은 선거권을 가진다. 선거권 행사의 요건과 절차 등 구체적인 사항은 법률로 정하고, 18세 이상 국민의 선거권을 보장한다.

제26조

모든 국민은 공무담임권을 가진다. 구체적인 사항은 법률로 정한다.

제27조

① 모든 사람은 국가기관에 청원할 권리를 가진다. 구체적인 사항은 법률로 정한다.

② 국가는 청원을 심사하여 통지할 의무를 진다.

제28조

① 모든 사람은 헌법과 법률에 따라 법원의 재판을 받을 권리를 가진다.

② 군인·군무원이 아닌 사람은 군사법원의 재판을 받지 않는다. 다만, 대한민국의 영역 안에서 비상계엄이 선포되어 군사법원을 두는 경우 중대한 군사상 기밀, 초병(哨兵), 초

소, 유독음식물 공급, 포로, 군용물(軍用物)에 관한 죄 중 법률로 정한 죄를 범한 사람은 예외로 한다.

③ 모든 국민은 재판을 공정하고 신속하게 받을 권리를 가진다. 형사 피고인은 상당한 이유가 없으면 지체 없이 공개 재판을 받을 권리를 가진다.

④ 형사피고인은 유죄 판결이 확정될 때까지는 무죄로 추정한다.

⑤ 형사피해자는 법률로 정하는 바에 따라 해당 사건의 재판 절차에서 진술할 수 있다.

제29조

형사피의자 또는 형사피고인으로서 구금되었던 사람이 법률이 정하는 불기소처분이나 무죄판결을 받은 경우 법률로 정하는 바에 따라 국가에 정당한 보상을 청구할 수 있다.

제30조

공무원의 직무상 불법행위로 손해를 입은 국민은 법률로 정하는 바에 따라 국가 또는 공공단체에 정당한 배상을 청구할 수 있다. 이 경우 공무원 자신의 책임은 면제되지 않는다.

제31조

　타인의 범죄행위로 생명·신체에 대한 피해를 입은 국민은 법률로 정하는 바에 따라 국가로부터 구조를 받을 수 있다.

제32조

① 모든 국민은 능력과 적성에 따라 균등하게 교육을 받을 권리를 가진다.

② 모든 국민은 보호하는 자녀 또는 아동에게 적어도 초등교육과 법률로 정하는 교육을 받게 할 의무를 진다.

③ 의무교육은 무상으로 한다.

④ 교육의 자주성·전문성 및 정치적 중립성은 법률로 정하는 바에 따라 보장된다.

⑤ 국가는 평생교육을 진흥해야 한다.

⑥ 학교교육·평생교육을 포함한 교육 제도와 그 운영, 교육재정, 교원의 지위에 관한 기본 사항은 법률로 정한다.

제33조

① 모든 국민은 일할 권리를 가지며, 국가는 고용의 안정과 증진을 위한 정책을 시행해야 한다.

② 국가는 적정임금을 보장하기 위하여 노력해야 하며, 법률

로 정하는 바에 따라 최저임금제를 시행해야 한다.

③ 국가는 동일한 가치의 노동에 대해서는 동일한 수준의 임금이 지급되도록 노력해야 한다.

④ 노동조건은 노동자와 사용자가 동등한 지위에서 자유의사에 따라 결정하되, 그 기준은 인간의 존엄성을 보장하도록 법률로 정한다.

⑤ 모든 국민은 고용·임금 및 그 밖의 노동조건에서 임신·출산·육아 등으로 부당하게 차별을 받지 않으며, 국가는 이를 위해 여성의 노동을 보호하는 정책을 시행해야 한다.

⑥ 연소자(年少者)의 노동은 특별한 보호를 받는다.

⑦ 국가유공자·상이군경 및 전몰군경(戰歿軍警)·의사자(義死者)의 유가족은 법률로 정하는 바에 따라 우선적으로 노동의 기회를 부여받는다.

⑧ 국가는 모든 국민이 일과 생활을 균형 있게 할 수 있도록 정책을 시행해야 한다.

제34조

① 노동자는 자주적인 단결권과 단체교섭권을 가진다.

② 노동자는 노동조건의 개선과 그 권익의 보호를 위하여 단체행동권을 가진다.

③ 현역 군인 등 법률로 정하는 공무원의 단결권, 단체교섭권
과 단체행동권은 법률로 정하는 바에 따라 제한하거나 인정
하지 않을 수 있다.

④ 법률로 정하는 주요 방위산업체에 종사하는 노동자의 단
체행동권은 필요한 경우에만 법률로 정하는 바에 따라 제한
하거나 인정하지 않을 수 있다.

제35조

① 모든 국민은 인간다운 생활을 할 권리를 가진다.

② 모든 국민은 장애·질병·노령·실업·빈곤 등으로 초래되
는 사회적 위험으로부터 벗어나 적정한 삶의 질을 유지할
수 있도록 사회보장을 받을 권리를 가진다.

③ 모든 국민은 임신·출산·양육과 관련하여 국가의 지원을
받을 권리를 가진다.

④ 모든 국민은 쾌적하고 안정적인 주거생활을 할 권리를 가
진다.

⑤ 모든 국민은 건강하게 살 권리를 가진다. 국가는 질병을
예방하고 보건의료 제도를 개선하기 위하여 노력해야 하며,
이에 필요한 사항은 법률로 정한다.

제36조

① 어린이와 청소년은 독립된 인격주체로서 존중과 보호를 받을 권리를 가진다.

② 노인은 존엄한 삶을 누리고 정치적·경제적·사회적·문화적 생활에 참여할 권리를 가진다.

③ 장애인은 존엄하고 자립적인 삶을 누리며, 모든 영역에서 동등한 기회를 가지고 참여할 권리를 가진다.

제37조

① 모든 국민은 안전하게 살 권리를 가진다.

② 국가는 재해를 예방하고 그 위험으로부터 사람을 보호해야 한다.

제38조

① 모든 국민은 건강하고 쾌적한 환경에서 생활할 권리를 가진다. 구체적인 내용은 법률로 정한다.

② 국가와 국민은 지속가능한 발전이 가능하도록 환경을 보호해야 한다.

③ 국가는 동물 보호를 위한 정책을 시행해야 한다.

제39조

혼인과 가족생활은 개인의 존엄과 양성의 평등을 바탕으로 성립되고 유지되어야 하며, 국가는 이를 보장한다.

제40조

① 자유와 권리는 헌법에 열거되지 않았다는 이유로 경시되지 않는다.

② 모든 자유와 권리는 국가안전보장·질서유지 또는 공공복리를 위하여 필요한 경우에만 법률로써 제한할 수 있으며, 제한하는 경우에도 자유와 권리의 본질적인 내용을 침해할 수 없다.

제41조

모든 국민은 법률로 정하는 바에 따라 납세의 의무를 진다.

제42조

① 모든 국민은 법률로 정하는 바에 따라 국방의 의무를 진다.

② 국가는 국방의 의무를 이행하는 국민의 인권을 보장하기 위한 정책을 시행해야 한다.

③ 누구도 병역의무의 이행으로 불이익한 처우를 받지 않는다.

제3장

국회

제43조

입법권은 국회에 있다.

제44조

① 국회는 국민이 보통·평등·직접·비밀 선거로 선출한 국회의원으로 구성한다.

② 국회의원의 수는 법률로 정하되, 200명 이상으로 한다.

③ 국회의원의 선거구와 비례대표제, 그 밖에 선거에 관한 사항은 법률로 정하되, 국회의 의석은 투표자의 의사에 비례하여 배분해야 한다.

제45조

① 국회의원의 임기는 4년으로 한다.

② 국민은 국회의원을 소환할 수 있다. 소환의 요건과 절차 등 구체적인 사항은 법률로 정한다.

제46조

국회의원은 법률로 정하는 직(職)을 겸할 수 없다.

제47조

① 국회의원은 현행범인인 경우를 제외하고는 회기 동안 국회의 동의 없이 체포되거나 구금되지 않는다.

② 국회의원이 회기 전에 체포되거나 구금된 경우 현행범인이 아닌 한 국회의 요구가 있으면 회기 동안 석방된다.

제48조

국회의원은 국회에서 직무상 발언하거나 표결한 것에 관하여 국회 밖에서 책임을 지지 않는다.

제49조

① 국회의원은 청렴해야 할 의무를 진다.

② 국회의원은 국가이익을 우선하여 양심에 따라 직무를 수행한다.

③ 국회의원은 그 지위를 남용하여 국가·공공단체 또는 기업체와의 계약이나 그 처분에 의하여 재산상의 권리·이익 또는 직위를 취득하거나 타인을 위하여 그 취득을 알선할 수 없다.

제50조

① 국회의 정기회는 법률로 정하는 바에 따라 매년 1회 열며, 국회의 임시회는 대통령 또는 국회 재적의원 4분의 1 이상의 요구로 연다.

② 정기회의 회기는 100일을, 임시회의 회기는 30일을 초과할 수 없다.

③ 대통령이 임시회를 요구하는 경우 기간과 이유를 명시해야 한다.

제51조

국회는 의장 1명과 부의장 2명을 선출한다.

제52조

국회는 헌법 또는 법률에 특별한 규정이 없으면 재적의원 과반수의 출석과 출석의원 과반수의 찬성으로 의결한다. 가부동수일 때에는 부결된 것으로 본다.

제53조

① 국회의 회의는 공개한다. 다만, 출석의원 과반수의 찬성이 있거나 국회의장이 국가의 안전보장을 위하여 필요하다고 인정할 때에는 공개하지 않을 수 있다.

② 공개하지 않은 회의 내용의 공표에 관하여는 법률로 정한다.

제54조

국회에 제출된 법률안, 그 밖의 의안은 회기 동안에 의결되지 못한 이유로 폐기되지 않는다. 다만, 국회의원의 임기가 만료된 경우에는 폐기된다.

제55조

① 국회의원은 법률안을 제출할 수 있다.

② 정부는 국회의원 10명 이상의 동의를 받아 법률안을 제출할 수 있다.

③ 법률안이 지방자치와 관련되는 경우 국회의장은 지방정부에 이를 통보해야 하며, 해당 지방정부는 그 법률안에 대하여 의견을 제시할 수 있다. 구체적인 사항은 법률로 정한다.

제56조

국민은 법률안을 발의할 수 있다. 발의의 요건과 절차 등 구체적인 사항은 법률로 정한다.

제57조

① 국회에서 의결된 법률안은 정부에 이송된 날부터 15일 이내에 대통령이 공포한다.

② 대통령은 법률안에 이의가 있을 때에는 제1항의 기간 안에 이의서를 붙여 국회로 돌려보내고, 재의를 요구할 수 있다. 국회의 폐회 중에도 또한 같다.

③ 대통령은 법률안의 일부에 대하여 또는 법률안을 수정하여 재의를 요구할 수 없다.

④ 국회는 대통령의 재의 요구가 있을 때에는 재의에 부치고, 재적의원 과반수의 출석과 출석의원 3분의 2 이상의 찬성으로 전과 같은 의결을 하면 그 법률안은 법률로 확정된다.

⑤ 대통령이 제1항의 기간 안에 공포나 재의 요구를 하지 않

은 경우에도 그 법률안은 법률로 확정된다.

⑥ 대통령은 제4항에 따라 확정된 법률은 정부에 이송된 지 5일 이내에, 제5항에 따라 확정된 법률은 지체 없이 공포하여야 한다. 다만, 대통령이 공포하지 않으면 국회의장이 공포한다.

⑦ 법률은 특별한 규정이 없으면 공포한 날부터 20일이 지나면 효력이 생긴다.

제58조

① 국회는 국가의 예산안을 심의하여 예산법률로 확정한다.

② 정부는 회계연도마다 예산안을 편성하여 회계연도 개시 120일 전까지 국회에 제출하고, 국회는 회계연도 개시 30일 전까지 예산법률안을 의결해야 한다.

③ 새로운 회계연도가 개시될 때까지 예산법률이 효력을 발생하지 못한 경우 정부는 예산법률이 효력을 발생할 때까지 다음의 목적을 위한 경비를 전년도 예산법률에 준하여 집행할 수 있다.

  1. 헌법이나 법률에 따라 설치한 기관이나 시설의 유지·운영

  2. 법률로 정하는 지출 의무의 실행

  3. 이미 예산법률로 승인된 사업의 계속

④ 예산안의 심의와 예산법률안의 의결 등에 필요한 사항은 법률로 정한다.

제59조

① 한 회계연도를 넘어 계속하여 지출할 필요가 있는 경우 정부는 연한(年限)을 정하여 계속비로서 국회의 의결을 거쳐야 한다.

② 예비비는 총액으로 국회의 의결을 거쳐야 한다. 예비비의 지출은 차기 국회의 승인을 받아야 한다.

제60조

정부는 예산법률을 개정할 필요가 있는 경우 추가경정예산안을 편성하여 국회에 제출할 수 있다.

제61조

국회는 정부의 동의 없이 정부가 제출한 지출예산 각항의 금액을 늘리거나 새 비목(費目)을 설치할 수 없다.

제62조

국채를 모집하거나 예산법률 외에 국가의 부담이 될 계약을 맺으려면 정부는 미리 국회의 의결을 거쳐야 한다.

제63조

조세의 종목과 세율은 법률로 정한다.

제64조

① 국회는 다음 조약의 체결·비준에 대한 동의권을 가진다.

 1. 상호원조나 안전보장에 관한 조약

 2. 중요한 국제조직에 관한 조약

 3. 우호통상항해조약

 4. 주권의 제약에 관한 조약

 5. 강화조약(講和條約)

 6. 국가나 국민에게 중대한 재정 부담을 지우는 조약

 7. 입법사항에 관한 조약

 8. 그 밖에 법률로 정하는 조약

② 국회는 선전포고, 국군의 외국 파견 또는 외국 군대의 대한민국 영역 내 주류(駐留)에 대한 동의권을 가진다.

제65조

① 국회는 국정을 감사하거나 특정한 국정사안에 대하여 조

사할 수 있으며, 이에 필요한 서류의 제출, 증인의 출석, 증언, 의견의 진술을 요구할 수 있다.

② 국정감사와 국정조사의 절차, 그 밖에 필요한 사항은 법률로 정한다.

제66조

① 국무총리·국무위원 또는 정부위원은 국회나 그 위원회에 출석하여 국정 처리 상황을 보고하거나 의견을 진술하고 질문에 응답할 수 있다.

② 국회나 그 위원회에서 요구하면 국무총리·국무위원 또는 정부위원은 출석하여 답변해야 한다. 다만, 국무총리나 국무위원이 출석 요구를 받은 경우 국무위원이나 정부위원으로 하여금 출석·답변하게 할 수 있다.

제67조

① 국회는 국무총리나 국무위원의 해임을 대통령에게 건의할 수 있다.

② 제1항의 해임건의를 하려면 국회 재적의원 3분의 1 이상이 발의하고 국회 재적의원 과반수가 찬성해야 한다.

제68조

① 국회는 법률에 위반되지 않는 범위에서 의사와 내부 규율에 관한 규칙을 제정할 수 있다.

② 국회는 국회의원의 자격을 심사하며, 국회의원을 징계할 수 있다.

③ 국회의원을 제명하려면 국회 재적의원 3분의 2 이상이 찬성해야 한다.

④ 제2항과 제3항의 처분에 대해서는 법원에 제소할 수 없다.

제69조

① 대통령, 국무총리, 국무위원, 행정각부의 장, 헌법재판소 재판관, 법관, 중앙선거관리위원회 위원, 감사원장, 감사위원, 그 밖에 법률로 정하는 공무원이 직무를 집행하면서 헌법이나 법률을 위반한 경우 국회는 탄핵의 소추를 의결할 수 있다.

② 제1항의 탄핵소추를 하려면 국회 재적의원 3분의 1 이상이 발의하고 국회 재적의원 과반수가 찬성해야 한다. 다만, 대통령에 대한 탄핵소추는 국회 재적의원 과반수가 발의하고 국회 재적의원 3분의 2 이상이 찬성해야 한다.

③ 탄핵소추의 의결을 받은 사람은 탄핵심판이 있을 때까지

권한을 행사하지 못한다.

④ 탄핵결정은 공직에서 파면하는 데 그친다. 그러나 파면되
더라도 민사상 또는 형사상 책임이 면제되지는 않는다.

/제4장/

정부

제1절 대통령

제70조

① 대통령은 국가를 대표한다.

② 대통령은 국가의 독립과 계속성을 유지하고, 영토를 보전하며, 헌법을 수호할 책임과 의무를 진다.

③ 대통령은 조국의 평화 통일을 위하여 성실히 노력할 의무를 진다.

④ 행정권은 대통령을 수반으로 하는 행정부에 있다.

제71조

① 대통령은 국민의 보통·평등·직접·비밀 선거로 선출한다.

② 제1항의 선거에서 유효투표 총수의 과반수를 얻은 사람을 당선자로 한다.

③ 제2항의 당선자가 없을 때에는 최고득표자가 1명이면 최고득표자와 그 다음 순위 득표자에 대하여, 최고득표자가 2명 이상이면 최고득표자 전원에 대하여 결선투표를 실시하고, 그 결과 다수득표자를 당선자로 한다. 결선투표에서 최고득표자가 2명 이상일 때에는 국회 재적의원 과반수가 출석한 공개회의에서 다수표를 얻은 사람을 당선자로 한다.

④ 제3항에 따른 결선투표 실시 전에 결선투표의 당사자가 사퇴·사망하여 최고득표자가 없게 된 경우 재선거를 실시하고, 최고득표자 1명만 남게 된 경우 최고득표자가 당선자가 된다.

⑤ 대통령 후보자가 1명인 경우 선거권자 총수의 3분의 1 이상을 득표하지 않으면 대통령으로 당선될 수 없다.

⑥ 대통령으로 선거될 수 있는 사람은 국회의원의 피선거권이 있어야 한다.

⑦ 대통령 선거에 관한 사항은 법률로 정한다.

제72조

① 대통령의 임기가 만료되는 경우 임기만료 70일 전부터

40일 전 사이에 후임자를 선거한다.

② 대통령이 궐위(闕位)된 경우 또는 대통령 당선자가 사망하거나 판결, 그 밖의 사유로 그 자격을 상실한 경우 60일 이내에 후임자를 선거한다.

③ 결선투표는 제1항 및 제2항에 따른 첫 선거일부터 14일 이내에 실시한다.

제73조

대통령은 취임에 즈음하여 다음의 선서를 한다.

"나는 헌법을 준수하고 국가를 지키며 조국의 평화 통일과 국민의 자유와 복리의 증진 및 문화의 창달에 노력하여 대통령으로서 맡은 직책을 성실히 수행할 것을 국민 앞에 엄숙히 선서합니다."

제74조

대통령의 임기는 4년으로 하되, 연이어 선출되는 경우에만 한 번 중임할 수 있다.

제75조

① 대통령이 궐위되거나 질병·사고 등으로 직무를 수행할

수 없는 경우 국무총리, 법률로 정한 국무위원의 순서로 그 권한을 대행한다.

② 대통령이 사임하려고 하거나 질병·사고 등으로 직무를 수행할 수 없는 경우 대통령은 그 사정을 국회의장과 제1항에 따라 권한대행을 할 사람에게 서면으로 미리 통보해야 한다.

③ 제2항의 서면 통보가 없는 경우 권한대행의 개시 여부에 대한 최종적인 판단은 국무총리가 국무회의의 심의를 거쳐 헌법재판소에 신청하여 그 결정에 따른다.

④ 권한대행의 지위는 대통령이 복귀 의사를 서면으로 통보한 때에 종료된다. 다만, 복귀한 대통령의 직무 수행 가능 여부에 대한 다툼이 있을 때에는 대통령, 재적 국무위원 3분의 2 이상 또는 국회의장이 헌법재판소에 신청하여 그 결정에 따른다.

⑤ 제1항에 따라 대통령의 권한을 대행하는 사람은 그 직을 유지하는 한 대통령 선거에 입후보할 수 없다.

⑥ 대통령의 권한대행에 관하여 필요한 사항은 법률로 정한다.

제76조

대통령은 필요하다고 인정할 경우 외교·국방·통일, 그 밖에 국가안위에 관한 중요 정책을 국민투표에 부칠 수 있다.

제77조

대통령은 조약을 체결·비준하고, 외교사절을 신임·접수 또는 파견하며, 선전포고와 강화를 한다.

제78조

① 대통령은 헌법과 법률로 정하는 바에 따라 국군을 통수한다.

② 국군의 조직과 편성은 법률로 정한다.

제79조

대통령은 법률에서 구체적으로 범위를 정하여 위임받은 사항과 법률을 집행하는 데 필요한 사항에 관하여 대통령령을 발(發)할 수 있다.

제80조

① 대통령은 내우외환, 천재지변 또는 중대한 재정·경제상의 위기에 국가의 안전보장이나 공공의 안녕질서를 유지하기 위하여 긴급한 조치가 필요하고 국회의 집회를 기다릴 여유

가 없을 때에만 최소한으로 필요한 재정·경제상의 처분을 하거나 이에 관하여 법률의 효력을 가지는 명령을 발할 수 있다.

② 대통령은 국가의 안위에 관계되는 중대한 교전 상태에서 국가를 보위하기 위하여 긴급한 조치가 필요함에도 국회의 집회가 불가능한 경우에만 법률의 효력을 가지는 명령을 발할 수 있다.

③ 대통령은 제1항과 제2항의 처분이나 명령을 한 경우 지체 없이 국회에 보고하여 승인을 받아야 한다.

④ 제3항의 승인을 받지 못한 때에는 그 처분이나 명령은 그 때부터 효력을 상실한다. 이 경우 그 명령에 따라 개정되었거나 폐지되었던 법률은 그 명령이 승인을 받지 못한 때부터 당연히 효력을 회복한다.

⑤ 대통령은 제3항과 제4항의 사유를 지체 없이 공포해야 한다.

제81조

① 대통령은 전시·사변 또는 이에 준하는 국가비상사태에 병력으로써 군사상의 필요에 응하거나 공공의 안녕질서를 유지할 필요가 있을 때에는 법률로 정하는 바에 따라 계엄을 선포할 수 있다.

② 계엄은 비상계엄과 경비계엄으로 구분한다.

③ 비상계엄이 선포된 경우 법률로 정하는 바에 따라 영장제
도, 언론·출판·집회·결사의 자유, 정부나 법원의 권한에
관하여 특별한 조치를 할 수 있다.

④ 계엄을 선포한 경우 대통령은 지체 없이 국회에 통고해야
한다.

⑤ 국회가 재적의원 과반수의 찬성으로 계엄의 해제를 요구
하면 대통령은 계엄을 해제해야 한다.

제82조

대통령은 헌법과 법률로 정하는 바에 따라 공무원을 임면(任
免)한다.

제83조

① 대통령은 법률로 정하는 바에 따라 사면·감형 또는 복권
을 명할 수 있다.

② 일반사면을 명하려면 국회의 동의를 받아야 하고, 특별사
면을 명하려면 사면위원회의 심사를 거쳐야 한다.

③ 사면·감형과 복권에 관한 사항은 법률로 정한다.

제84조

대통령은 법률로 정하는 바에 따라 훈장을 비롯한 영전을 수여한다.

제85조

대통령은 국회에 출석하여 발언하거나 문서로 의견을 표시할 수 있다.

제86조

대통령의 국법상 행위는 문서로써 하며, 이 문서에는 국무총리와 관계 국무위원이 부서(副署)한다. 군사에 관한 것도 또한 같다.

제87조

대통령은 국무총리, 국무위원, 행정각부의 장, 그 밖에 법률로 정하는 공사(公私)의 직을 겸할 수 없다.

제88조

대통령은 내란 또는 외환의 죄를 범한 경우를 제외하고는 재직 중 형사상의 소추를 받지 않는다.

제89조

전직 대통령의 신분과 예우에 관한 사항은 법률로 정한다.

제90조

① 국가안전보장에 관련되는 대외정책·군사정책과 국내정
책의수립에 관하여 국무회의의 심의에 앞서 대통령의 자문
에 응하게 하기 위하여 국가안전보장회의를 둔다.

② 국가안전보장회의는 대통령이 주재한다.

③ 국가안전보장회의의 조직, 직무 범위, 그 밖에 필요한 사
항은 법률로 정한다.

제91조

① 평화 통일 정책의 수립에 관한 대통령의 자문에 응하게 하
기 위하여 민주평화통일자문회의를 둘 수 있다.

② 민주평화통일자문회의의 조직, 직무 범위, 그 밖에 필요한
사항은 법률로 정한다.

제92조

① 국민경제의 발전을 위한 중요정책의 수립에 관하여 대통
령의 자문에 응하게 하기 위하여 국민경제자문회의를 둘 수

있다.

② 국민경제자문회의의 조직, 직무 범위, 그 밖에 필요한 사항은 법률로 정한다.

제2절 국무총리와 국무위원

제93조

① 국무총리는 국회의 동의를 받아 대통령이 임명한다.

② 국무총리는 대통령을 보좌하며, 행정각부를 통할한다.

③ 현역 군인은 국무총리로 임명될 수 없다.

제94조

① 국무위원은 국무총리의 제청으로 대통령이 임명한다.

② 국무위원은 국정에 관하여 대통령을 보좌하며, 국무회의의 구성원으로서 국정을 심의한다.

③ 국무총리는 국무위원의 해임을 대통령에게 건의할 수 있다.

④ 현역 군인은 국무위원으로 임명될 수 없다.

제3절 국무회의와 국가자치분권회의

제95조

① 국무회의는 정부의 권한에 속하는 중요한 정책을 심의한다.

② 국무회의는 대통령·국무총리와 15명 이상 30명 이하의 국무위원으로 구성한다.

③ 대통령은 국무회의의 의장이 되고, 국무총리는 부의장이 된다.

제96조

다음 사항은 국무회의의 심의를 거쳐야 한다.

1. 국정의 기본계획과 정부의 일반 정책

2. 선전(宣戰), 강화, 그 밖에 중요한 대외 정책

3. 헌법 개정안, 국민투표안, 조약안, 법률안 및 대통령령안

4. 대통령 권한대행의 개시 여부에 대한 판단의 신청

5. 예산안, 결산, 국유재산 처분의 기본계획, 국가에 부담이 될 계약, 그 밖에 재정에 관한 중요 사항

6. 대통령의 긴급명령, 긴급재정경제처분 및 명령, 계엄의 선포와 해제

7. 군사에 관한 중요 사항

8. 국회의 임시회 요구

9. 영전 수여

10. 사면·감형과 복권

11. 행정각부 간의 권한 획정

12. 정부 안의 권한 위임 또는 배정에 관한 기본계획

13. 국정 처리 상황의 평가·분석

14. 행정각부의 중요 정책 수립과 조정

15. 정당 해산의 제소

16. 정부에 제출되거나 회부된 정부 정책에 관계되는 청원의
심사

17. 검찰총장, 합동참모의장, 각군참모총장, 국립대학교 총
장, 대사, 그 밖에 법률로 정한 공무원과 국영기업체 관리자
의 임명

18. 그 밖에 대통령·국무총리나 국무위원이 제출한 사항

제97조

① 정부와 지방정부 간 협력을 추진하고 지방자치와 지역 간
균형 발전에 관련되는 중요 정책을 심의하기 위하여 국가자
치분권회의를 둔다.

② 국가자치분권회의는 대통령, 국무총리, 법률로 정하는 국
무위원과 지방행정부의 장으로 구성한다.

③ 대통령은 국가자치분권회의의 의장이 되고, 국무총리는 부의장이 된다.

④ 국가자치분권회의의 조직과 운영 등 구체적인 사항은 법률로 정한다.

제4절 행정각부

제98조

행정각부의 장은 국무위원 중에서 국무총리의 제청으로 대통령이 임명한다.

제99조

국무총리 또는 행정각부의 장은 소관 사무에 관하여 법률이나 대통령령의 위임 또는 직권으로 총리령 또는 부령을 발할 수 있다.

제100조

행정각부의 설치·조직과 직무 범위는 법률로 정한다.

/제5장/

법원

제101조

① 사법권은 법관으로 구성된 법원에 있다. 국민은 법률로 정하는 바에 따라 배심 또는 그 밖의 방법으로 재판에 참여할 수 있다.

② 법원은 최고법원인 대법원과 각급 법원으로 조직한다.

③ 법관의 자격은 법률로 정한다.

제102조

① 대법원에 일반재판부와 전문재판부를 둘 수 있다.

② 대법원에 대법관을 둔다. 다만, 법률로 정하는 바에 따라 대법관이 아닌 법관을 둘 수 있다.

③ 대법원과 각급 법원의 조직은 법률로 정한다.

제103조

법관은 헌법과 법률에 의하여 그 양심에 따라 독립하여 심판한다.

제104조

① 대법원장은 국회의 동의를 받아 대통령이 임명한다.

② 대법관은 대법관추천위원회의 추천을 거쳐 대법원장 제청으로 국회의 동의를 받아 대통령이 임명한다.

③ 대법관추천위원회는 대통령이 지명하는 3명, 대법원장이 지명하는 3명, 법률로 정하는 법관회의에서 선출하는 3명의 위원으로 구성한다.

④ 대법원장·대법관이 아닌 법관은 법관인사위원회의 제청으로 대법관회의의 동의를 받아 대법원장이 임명한다.

⑤ 대법관추천위원회 및 법관인사위원회의 조직과 운영 등 구체적인 사항은 법률로 정한다.

제105조

① 대법원장의 임기는 6년으로 하며, 중임할 수 없다.

② 대법관의 임기는 6년으로 하며, 법률로 정하는 바에 따라 연임할 수 있다.

③ 법관의 정년은 법률로 정한다.

제106조

① 법관은 탄핵되거나 금고 이상의 형을 선고받지 않고는 파면되지 않으며, 징계처분에 의하지 않고는 해임, 정직, 감봉, 그 밖의 불리한 처분을 받지 않는다.

② 법관이 중대한 심신상의 장해로 직무를 수행할 수 없을 때에는 법률로 정하는 바에 따라 퇴직하게 할 수 있다.

제107조

① 법률이 헌법에 위반되는지가 재판의 전제가 된 경우 법원은 헌법재판소에 제청하여 그 심판에 따라 재판한다.

② 명령·규칙·조례 또는 자치규칙이 헌법이나 법률에 위반되는지가 재판의 전제가 된 경우 대법원은 이를 최종적으로 심사할 권한을 가진다.

③ 재판의 전심절차로서 행정심판을 할 수 있다. 행정심판의 절차는 법률로 정하되, 사법절차가 준용되어야 한다.

제108조

대법원은 법률에 위반되지 않는 범위에서 소송에 관한 절차, 법원의 내부 규율과 사무 처리에 관한 규칙을 제정할 수 있다.

제109조

재판의 심리와 판결은 공개한다. 다만, 심리는 국가의 안전 보장 또는 안녕질서를 방해하거나 선량한 풍속을 해칠 염려가 있을 때에는 법원의 결정으로 공개하지 않을 수 있다.

제110조

① 비상계엄 선포 시 또는 국외파병 시의 군사재판을 관할하기 위하여 특별법원으로서 군사법원을 둘 수 있다.
② 군사법원의 상고심은 대법원에서 관할한다.
③ 군사법원의 조직·권한 및 재판관의 자격은 법률로 정한다.

제6장

헌법재판소

제111조

① 헌법재판소는 다음 사항을 관장한다.

1. 법원의 제청에 의한 법률의 위헌 여부 심판

2. 탄핵의 심판

3. 정당의 해산 심판

4. 국가기관 상호 간, 국가기관과 지방정부 간, 지방정부 상호 간의 권한쟁의에 관한 심판

5. 법률로 정하는 헌법소원에 관한 심판

6. 대통령 권한대행의 개시 또는 대통령의 직무 수행 가능 여부에 관한 심판

7. 그 밖에 법률로 정하는 사항에 관한 심판

② 헌법재판소는 9명의 재판관으로 구성하며, 재판관은 대통령이 임명한다.

③ 제2항의 재판관 중 3명은 국회에서 선출하는 사람을, 3명은 대법관회의에서 선출하는 사람을 임명한다.

④ 헌법재판소의 장은 재판관 중에서 호선한다.

제112조

① 헌법재판소 재판관의 임기는 6년으로 하며, 법률로 정하는 바에 따라 연임할 수 있다.

② 헌법재판소 재판관은 정당에 가입하거나 정치에 관여할 수 없다.

③ 헌법재판소 재판관은 탄핵되거나 금고 이상의 형을 선고받지 않고는 파면되지 않는다.

제113조

① 헌법재판소에서 법률의 위헌결정, 탄핵의 결정, 정당해산의 결정 또는 헌법소원에 관한 인용결정을 할 때에는 재판관 6명 이상이 찬성해야 한다.

② 헌법재판소는 법률에 위반되지 않는 범위에서 심판에 관한 절차, 내부 규율과 사무 처리에 관한 규칙을 제정할 수

있다.

③ 헌법재판소의 조직과 운영, 그 밖에 필요한 사항은 법률로
　정한다.

제7장

감사원

제114조

① 국가의 세입·세출의 결산, 국가·지방정부 및 법률로 정하는 단체의 회계검사, 법률로 정하는 국가·지방정부의 기관 및 공무원의 직무에 관한 감찰을 하기 위하여 감사원을 둔다.

② 감사원은 독립하여 직무를 수행한다.

제115조

① 감사원은 원장을 포함한 9명의 감사위원으로 구성하며, 감사위원은 대통령이 임명한다.

② 제1항의 감사위원 중 3명은 국회에서 선출하는 사람을, 3명은 대법관회의에서 선출하는 사람을 임명한다.

③ 감사원장은 감사위원 중에서 국회의 동의를 받아 대통령
　이 임명한다.

④ 감사원장과 감사위원의 임기는 6년으로 한다. 다만, 감사
　위원으로 재직 중인 사람이 감사원장으로 임명되는 경우 그
　임기는 감사위원 임기의 남은 기간으로 한다.

⑤ 감사위원은 정당에 가입하거나 정치에 관여할 수 없다.

⑥ 감사위원은 탄핵되거나 금고 이상의 형을 선고받지 않고
　는 파면되지 않는다.

제116조

　감사원은 세입·세출의 결산을 매년 검사하여 대통령과 다음
연도 국회에 그 결과를 보고해야 한다.

제117조

① 감사원은 법률에 위반되지 않는 범위에서 감사에 관한 절
　차, 감사원의 내부 규율과 감사사무 처리에 관한 규칙을 제
　정할 수 있다.

② 감사원의 조직, 직무 범위, 감사위원의 자격, 감사 대상 공
　무원의 범위, 그 밖에 필요한 사항은 법률로 정한다.

제8장

선거관리위원회

제118조

① 선거관리위원회는 다음 사무를 관장한다.

   1. 국가와 지방정부의 선거에 관한 사무

   2. 국민발안, 국민투표, 국민소환의 관리에 관한 사무

   3. 정당과 정치자금에 관한 사무

   4. 주민발안, 주민투표, 주민소환의 관리에 관한 사무

   5. 그 밖에 법률로 정하는 사무

② 중앙선거관리위원회는 대통령이 임명하는 3명, 국회에서 선출하는 3명, 대법관회의에서 선출하는 3명의 위원으로 구성한다. 위원장은 위원 중에서 호선한다.

③ 위원의 임기는 6년으로 한다.

④ 위원은 정당에 가입하거나 정치에 관여할 수 없다.

⑤ 위원은 탄핵되거나 금고 이상의 형을 선고받지 않고는 파면되지 않는다.

⑥ 중앙선거관리위원회는 법률에 위반되지 않는 범위에서 소관 사무의 처리와 내부 규율에 관한 규칙을 제정할 수 있다.

⑦ 각급 선거관리위원회의 조직, 직무 범위, 그 밖에 필요한 사항은 법률로 정한다.

제119조

① 각급 선거관리위원회는 선거인 명부의 작성 등 선거사무와 국민투표 사무에 관하여 관계 행정기관에 필요한 지시를 할 수 있다.

② 제1항의 지시를 받은 행정기관은 지시에 따라야 한다.

제120조

① 누구나 자유롭게 선거운동을 할 수 있다. 다만, 후보자 간 공정한 기회를 보장하기 위하여 필요한 경우에만 법률로써 제한할 수 있다.

② 선거에 관한 경비는 법률로 정하는 경우를 제외하고는 정당이나 후보자에게 부담시킬 수 없다.

제9장

지방자치

제121조

① 지방정부의 자치권은 주민으로부터 나온다. 주민은 지방 정부를 조직하고 운영하는 데 참여할 권리를 가진다.

② 지방정부의 종류와 구역 등 지방정부에 관한 주요 사항은 법률로 정한다.

③ 주민발안, 주민투표 및 주민소환에 관하여 그 대상, 요건 등 기본적인 사항은 법률로 정하고, 구체적인 내용은 조례 로 정한다.

④ 국가와 지방정부 간, 지방정부 상호 간 사무의 배분은 주 민에게 가까운 지방정부가 우선한다는 원칙에 따라 법률로 정한다.

제122조

① 지방정부에 주민이 보통·평등·직접·비밀 선거로 구성하는 지방의회를 둔다.

② 지방의회의 구성 방법, 지방행정부의 유형, 지방행정부의 장의 선임 방법 등 지방정부의 조직과 운영에 관한 기본적인 사항은 법률로 정하고, 구체적인 내용은 조례로 정한다.

제123조

① 지방의회는 법률에 위반되지 않는 범위에서 주민의 자치와 복리에 필요한 사항에 관하여 조례를 제정할 수 있다. 다만, 권리를 제한하거나 의무를 부과하는 경우 법률의 위임이 있어야 한다.

② 지방행정부의 장은 법률 또는 조례를 집행하기 위하여 필요한 사항과 법률 또는 조례에서 구체적으로 범위를 정하여 위임받은 사항에 관하여 자치규칙을 정할 수 있다.

제124조

① 지방정부는 자치사무의 수행에 필요한 경비를 스스로 부담한다. 국가 또는 다른 지방정부가 위임한 사무를 집행하는 경우 그 비용은 위임하는 국가 또는 다른 지방정부가 부

담한다.

② 지방의회는 법률에 위반되지 않는 범위에서 자치세의 종
목과 세율, 징수 방법 등에 관한 조례를 제정할 수 있다.

③ 조세로 조성된 재원은 국가와 지방정부의 사무 부담 범위
에 부합하게 배분해야 한다.

④ 국가와 지방정부 간, 지방정부 상호 간에 법률로 정하는
바에 따라 적정한 재정조정을 시행한다.

/제10장/

경제

제125조

① 대한민국의 경제 질서는 개인과 기업의 경제상의 자유와
창의를 존중함을 기본으로 한다.

② 국가는 균형 있는 국민경제의 성장 및 안정과 적정한 소득
의 분배를 유지하고, 시장의 지배와 경제력의 남용을 방지
하며, 경제 주체 간의 상생과 조화를 통한 경제의 민주화를
실현하기 위하여 경제에 관한 규제와 조정을 할 수 있다.

③ 국가는 지역 간의 균형 있는 발전을 위하여 지역경제를 육
성할 의무를 진다.

제126조

① 국가는 국토와 자원을 보호해야 하며, 지속가능하고 균형 있는 이용·개발과 보전을 위하여 필요한 계획을 수립·시행한다.

② 광물을 비롯한 중요한 지하자원, 해양수산자원, 산림자원, 수력과 풍력 등 경제적으로 이용할 수 있는 자연력은 법률로 정하는 바에 따라 국가가 일정 기간 채취·개발 또는 이용을 특허할 수 있다.

제127조

① 국가는 농지에 관하여 경자유전(耕者有田)의 원칙이 달성될 수 있도록 노력해야 하며, 농지의 소작제도는 금지된다.

② 농업생산성의 제고와 농지의 합리적인 이용을 위하거나 불가피한 사정으로 발생하는 농지의 임대차와 위탁경영은 법률로 정하는 바에 따라 인정된다.

제128조

① 국가는 국민 모두의 생산과 생활의 바탕이 되는 국토의 효율적이고 균형 있는 이용·개발과 보전을 위하여 법률로 정하는 바에 따라 필요한 제한을 하거나 의무를 부과할 수 있다.

② 국가는 토지의 공공성과 합리적 사용을 위하여 필요한 경우에만 법률로써 특별한 제한을 하거나 의무를 부과할 수 있다.

제129조

① 국가는 식량의 안정적 공급과 생태 보전 등 농어업의 공익적 기능을 바탕으로 농어촌의 지속가능한 발전과 농어민의 삶의 질 향상을 위한 지원 등 필요한 계획을 수립·시행해야 한다.
② 국가는 농수산물의 수급균형과 유통구조의 개선에 노력하여 가격 안정을 도모함으로써 농어민의 이익을 보호한다.
③ 국가는 농어민의 자조조직을 육성해야 하며, 그 조직의 자율적 활동과 발전을 보장한다.

제130조

① 국가는 중소기업과 소상공인을 보호·육성하고, 협동조합의 육성 등 사회적 경제의 진흥을 위하여 노력해야 한다.
② 국가는 중소기업과 소상공인의 자조조직을 육성해야 하며, 그 조직의 자율적 활동과 발전을 보장한다.

제131조

① 국가는 안전하고 우수한 품질의 생산품과 용역을 제공받

을 수 있도록 소비자의 권리를 보장해야 하며, 이를 위하여 필요한 정책을 시행해야 한다.

② 국가는 법률로 정하는 바에 따라 소비자운동을 보장한다.

제132조

국가는 대외무역을 육성하며, 이를 규제·조정할 수 있다.

제133조

국방이나 국민경제에 절실히 필요하여 법률로 정하는 경우를 제외하고는, 사영기업을 국유 또는 공유로 이전하거나 그 경영을 통제 또는 관리할 수 없다.

제134조

① 국가는 국민경제의 발전과 국민의 삶의 질 향상을 위하여 기초 학문을 장려하고 과학기술을 혁신하며 정보와 인력을 개발하는 데 노력해야 한다.

② 국가는 국가표준제도를 확립한다.

③ 대통령은 제1항의 목적을 달성하기 위하여 필요한 자문기구를 둘 수 있다.

/제11장/

헌법 개정

제135조

① 헌법 개정은 국회 재적의원 과반수 또는 대통령의 발의로 제안된다.

② 대통령의 임기연장 또는 중임변경을 위한 헌법 개정은 그 헌법 개정 제안 당시의 대통령에 대해서는 효력이 없다.

제136조

대통령은 제안된 헌법 개정안을 20일 이상 공고해야 한다.

제137조

① 제안된 헌법 개정안은 공고된 날부터 60일 이내에 국회에

서 표결해야 하며, 국회 재적의원 3분의 2 이상의 찬성으로
의결한다.

② 헌법 개정안은 국회에서 의결한 날부터 30일 이내에 국민
투표에 부쳐 국회의원 선거권자 과반수의 투표와 투표자 과
반수의 찬성을 얻어야 한다.

③ 헌법 개정안이 제2항의 찬성을 얻은 경우 헌법 개정은 확
정되며, 대통령은 즉시 이를 공포해야 한다.

부칙

제1조

① 이 헌법은 공포한 날부터 시행한다. 다만, 법률의 제정 또는 개정 없이 실현될 수 없는 규정은 그 법률이 시행되는 때부터 시행하되, 늦어도 2020년 5월 30일에는 시행한다.

② 제1항에도 불구하고 이 헌법을 시행하기 위하여 필요한 법률의 제정, 개정, 그 밖에 이 헌법의 시행에 필요한 준비는 이 헌법 시행 전에 할 수 있다.

제2조

① 이 헌법이 시행되기 전까지는 그에 해당하는 종전의 규정을 적용한다.

② 종전의 헌법에 따라 구성된 지방자치단체, 지방의회, 지방
자치단체의 장은 이 헌법 제9장에 따른 지방의회와 지방행
정부의 장이 선출되어 지방정부가 구성될 때까지 이 헌법에
서 정하는 지방정부, 지방의회, 지방행정부의 장으로 본다.

제3조

이 헌법 개정 제안 당시 대통령의 임기는 2022년 5월 9일까
지로 하며, 중임할 수 없다.

제4조

① 2018년 6월 13일에 실시하는 선거와 그 보궐선거 등으
로 선출된 지방의회 의원 및 지방자치단체의 장의 임기는
2022년 3월 31일까지로 한다.
② 제1항에 따른 지방의회 의원 및 지방자치단체의 장의 후
임자에 관한 선거는 부칙 제3조에 따른 임기만료로 실시하
는 대통령 선거와 동시에 실시한다.

제5조

① 이 헌법 시행 당시의 공무원은 이 헌법에 따라 임명 또는
선출된 것으로 본다.

② 이 헌법 시행 당시 대법원장의 지명으로 임명된 헌법재판소 재판관은 대법관회의에서 선출되어 임명된 것으로 본다.

③ 이 헌법 시행 당시의 감사원장, 감사위원은 이 헌법에 따라 감사원장, 감사위원이 임명될 때까지 그 직무를 수행하며, 임기는 이 헌법에 따라 감사원장, 감사위원이 임명된 날의 전날까지로 한다.

④ 이 헌법 시행 당시 대법원장이 지명한 중앙선거관리위원회의 위원은 대법관회의에서 선출한 것으로 본다.

제6조

이 헌법 시행 당시 군사법원에 계속 중인 사건으로서 이 헌법에 따라 군사법원의 관할에서 제외되는 사건은 법원으로 이관된 것으로 본다. 이 경우 이미 행해진 소송행위의 효력은 영향을 받지 않는다.

제7조

① 이 헌법 시행 당시의 법령과 조약은 이 헌법에 위반되지 않는 한 그 효력을 지속한다.

② 종전의 헌법에 따라 유효하게 행해진 처분, 행위 등은 이 헌법에 따른 처분, 행위 등으로 본다.

제8조

이 헌법 시행 당시 이 헌법에 따라 새로 설치되는 기관의 권한에 속하는 직무를 수행하고 있는 기관은 이 헌법에 따라 새로운 기관이 설치될 때까지 존속하며 그 직무를 수행한다.

제9조

이 헌법 시행 당시의 지방자치에 관한 규정은 이 헌법에 따른 조례·자치규칙으로 본다.

문재인 대통령 헌법개정안

초판 1쇄 펴낸 날 2018년 4월 20일
초판 2쇄 펴낸 날 2018년 4월 30일

지 은 이   청와대
펴 낸 이   장영재
펴 낸 곳   (주)미르북컴퍼니
자 회 사   더휴먼
전   화   02)3141-4421
팩   스   02)3141-4428
등   록   2012년 3월 16일(제313-2012-81호)
주   소   서울시 마포구 성미산로32길 12, 2층 (우 03983)
E-mail   sanhonjinju@naver.com
카   페   cafe.naver.com/mirbookcompany

대한민국헌법

대한민국헌법

초판 1쇄 펴낸 날 2016년 11월 10일
초판 5쇄 펴낸 날 2021년 6월 30일

지 은 이   대한민국
펴 낸 이   장영재
펴 낸 곳   (주)미르북컴퍼니
자 회 사   더휴먼
전   화   02)3141-4421
팩   스   0505-333-4428
등   록   2012년 3월 16일 (제313-2012-81호)
주   소   서울시 마포구 성미산로32길 12, 2층 (우 03983)
E-mail   sanhonjinju@naver.com
카   페   cafe.naver.com/mirbookcompany

대한민국헌법

/ 대한민국은 민주공화국이다 /

대한민국 지음

더휴먼

차
례

/

"대한민국은 민주공화국이다."

헌법 제1장 1조다. 그런데 과연 대한민국은 민주공화국일까? 주권은 국민에게 있고 권력은 국민으로부터 나올까? 한때 대한민국은 아시아 민주주의 모범국이었다. 하지만 2016년 현재 우리는 인권후진국으로 추락했고 민주주의는 껍데기만 남았다.

OECD 회원국 중 자살률 1위, 노인 빈곤율 1위, 최악의 고용 불안과 임금 불평등, 임금 격차, 노동 시간 2위, 가장 짧은 수면 시간, 원자력발전소 인구 밀도 세계 1위, 지구행복지수 60위, 사법 신뢰도 42개국 중 39위, 언론자유지수 70위……. 온갖 통계 수치는 대한민국이 위험사회가 되고 있다는 사실을 보여준다.

그런데 왜 시간이 갈수록 진보하지 못하고 위험사회로 들어가는 것일까? 헌법에는 분명 행복추구권과 집회 · 결사의 자유, 인간의 존엄성을 보장받으며 일하고 교육받을 권리가 있다. 하지만 현재 대한민국에서는 헌법이 보장하는 내용들이 지켜지지 않으며 사람들은 시한폭탄 같은 사회 속에서 불안을 느끼며 살아간다.

법이란 개인과 개인이 만나서 사회와 국가를 만들고 더불어 살아가기 위해 세운 기준이다. 그중에서도 헌법은 모든 법의 근거이자 뿌리로, 법 중의 법이며 국민의 기본권을 보장하고 국가의 정체성을 밝힌다. 그리고 국가는 헌법 아래 모든 것을 집행할 의무가 있다.

하지만 이것이 제대로 지켜지지 않기 때문에 사회가 무너지고 인간성이 사라지며 폭력과 차별, 억압이 난무하는 것이다. 이런 사회에서 벗어나려면 헌법대로 살고 헌법대로인 나라를 만들어야 한다.

그런데 우리 중에 헌법을 처음부터 끝까지 읽은 사람이 몇이나 될까? 아주 단편적으로 집회 · 결사의 자유가 있고 권력은 국민으로부터 나온다 등만 알 뿐 대부분은 제대로 읽어보지도, 전문을 가지고 있지도 않다.

소위 통치자니 권력자니 하는 이들은 말로는 국민을 위해

일한다고 하지만 사실 국민의 주인으로 군림했지 일꾼이었던 적은 없다. 헌법이 보장한 권력의 주인 자리를 찾고 존엄성을 가진 인간으로 대우받고 살아가려면 헌법부터 읽어야한다. 모든 것의 뿌리이며 문제 해결의 열쇠이자 비판의 근거 그리고 나아갈 방향을 가리키는 이정표인 헌법을 읽지 않고는 아무것도 할 수 없다. 이제 권리와 민주주의, 존엄성을 찾으려면 헌법 읽기부터 시작해야 한다.

/ 전문 /

　유구한 역사와 전통에 빛나는 우리 대한국민은 3·1운동으로 건립된 대한민국임시정부의 법통과 불의에 항거한 4·19 민주이념을 계승하고, 조국의 민주개혁과 평화적 통일의 사명에 입각하여 정의·인도와 동포애로써 민족의 단결을 공고히 하고, 모든 사회적 폐습과 불의를 타파하며, 자율과 조화를 바탕으로 자유민주적 기본질서를 더욱 확고히 하여 정치·경제·사회·문화의 모든 영역에 있어서 각인의 기회를 균등히 하고, 능력을 최고도로 발휘하게 하며, 자유와 권리에 따르는 책임과 의무를 완수하게 하여, 안으로는 국민생활의 균등한 향상을 기하고 밖으로는 항구적인 세계평화와 인류공영에 이바지함으로써 우리들과 우리들의 자손

의 안전과 자유와 행복을 영원히 확보할 것을 다짐하면서
1948년 7월 12일에 제정되고 8차에 걸쳐 개정된 헌법을 이
제 국회의 의결을 거쳐 국민투표에 의하여 개정한다.

[헌법 제10호 1987.10.29. 전부 개정 / 시행 1988.2.25.]

제1장

총강

제1조

① 대한민국은 민주공화국이다.

② 대한민국의 주권은 국민에게 있고, 모든 권력은 국민
으로부터 나온다.

제2조

① 대한민국의 국민이 되는 요건은 법률로 정한다.

② 국가는 법률이 정하는 바에 의하여 재외국민을 보호할
의무를 진다.

제3조

대한민국의 영토는 한반도와 그 부속도서로 한다.

제4조

대한민국은 통일을 지향하며, 자유민주적 기본질서에 입각한 평화적 통일정책을 수립하고 이를 추진한다.

제5조

① 대한민국은 국제평화의 유지에 노력하고 침략적 전쟁을 부인한다.

② 국군은 국가의 안전보장과 국토방위의 신성한 의무를 수행함을 사명으로 하며, 그 정치적 중립성은 준수된다.

제6조

① 헌법에 의하여 체결·공포된 조약과 일반적으로 승인된 국제법규는 국내법과 같은 효력을 가진다.

② 외국인은 국제법과 조약이 정하는 바에 의하여 그 지위가 보장된다.

제7조

① 공무원은 국민전체에 대한 봉사자이며, 국민에 대하여

책임을 진다.

② 공무원의 신분과 정치적 중립성은 법률이 정하는 바에
의하여 보장된다.

제8조

① 정당의 설립은 자유이며, 복수정당제는 보장된다.

② 정당은 그 목적, 조직과 활동이 민주적이어야 하며, 국
민의 정치적 의사형성에 참여하는 데 필요한 조직을 가
져야 한다.

③ 정당은 법률이 정하는 바에 의하여 국가의 보호를 받
으며, 국가는 법률이 정하는 바에 의하여 정당운영에
필요한 자금을 보조할 수 있다.

④ 정당의 목적이나 활동이 민주적 기본질서에 위배될 때
에는 정부는 헌법재판소에 그 해산을 제소할 수 있고,
정당은 헌법재판소의 심판에 의하여 해산된다.

제9조

국가는 전통문화의 계승·발전과 민족문화의 창달에 노력
하여야 한다.

제2장

국민의 권리와 의무

제10조

모든 국민은 인간으로서의 존엄과 가치를 가지며, 행복을 추구할 권리를 가진다. 국가는 개인이 가지는 불가침의 기본적 인권을 확인하고 이를 보장할 의무를 진다.

제11조

① 모든 국민은 법 앞에 평등하다. 누구든지 성별·종교 또는 사회적 신분에 의하여 정치적·경제적·사회적·문화적 생활의 모든 영역에 있어서 차별을 받지 아니한다.

② 사회적 특수계급의 제도는 인정되지 아니하며, 어떠한 형태로도 이를 창설할 수 없다.

③ 훈장 등의 영전은 이를 받은 자에게만 효력이 있고, 어떠한 특권도 이에 따르지 아니한다.

제12조

① 모든 국민은 신체의 자유를 가진다. 누구든지 법률에 의하지 아니하고는 체포, 구속, 압수, 수색 또는 심문을 받지 아니하며, 법률과 적법한 절차에 의하지 아니하고는 처벌·보안처분 또는 강제노역을 받지 아니한다.

② 모든 국민은 고문을 받지 아니하며, 형사상 자기에게 불리한 진술을 강요당하지 아니한다.

③ 체포·구속·압수 또는 수색을 할 때에는 적법한 절차에 따라 검사의 신청에 의하여 법관이 발부한 영장을 제시하여야 한다. 다만, 현행범인인 경우와 장기 3년 이상의 형에 해당하는 죄를 범하고 도피 또는 증거인멸의 염려가 있을 때에는 사후에 영장을 청구할 수 있다.

④ 누구든지 체포 또는 구속을 당한 때에는 즉시 변호인의 조력을 받을 권리를 가진다. 다만, 형사피고인이 스스로 변호인을 구할 수 없을 때에는 법률이 정하는 바에 의하여 국가가 변호인을 붙인다.

⑤ 누구든지 체포 또는 구속의 이유와 변호인의 조력을 받을 권리가 있음을 고지받지 아니하고는 체포 또는 구

속을 당하지 아니한다. 체포 또는 구속을 당한 자의 가족 등 법률이 정하는 자에게는 그 이유와 일시, 장소가 지체 없이 통지되어야 한다.

⑥ 누구든지 체포 또는 구속을 당한 때에는 적부의 심사를 법원에 청구할 권리를 가진다.

⑦ 피고인의 자백이 고문·폭행·협박·구속의 부당한 장기화 또는 기망 기타의 방법에 의하여 자의로 진술된 것이 아니라고 인정될 때 또는 정식재판에 있어서 피고인의 자백이 그에게 불리한 유일한 증거일 때에는 이를 유죄의 증거로 삼거나 이를 이유로 처벌할 수 없다.

제13조

① 모든 국민은 행위시의 법률에 의하여 범죄를 구성하지 아니하는 행위로 소추되지 아니하며, 동일한 범죄에 대하여 거듭 처벌받지 아니한다.

② 모든 국민은 소급입법에 의하여 참정권의 제한을 받거나 재산권을 박탈당하지 아니한다.

③ 모든 국민은 자기의 행위가 아닌 친족의 행위로 인하여 불이익한 처우를 받지 아니한다.

제14조

모든 국민은 거주 이전의 자유를 가진다.

제15조

모든 국민은 직업선택의 자유를 가진다.

제16조

모든 국민은 주거의 자유를 침해받지 아니한다. 주거에 대한 압수나 수색을 할 때에는 검사의 신청에 의하여 법관이 발부한 영장을 제시하여야 한다.

제17조

모든 국민은 사생활의 비밀과 자유를 침해받지 아니한다.

제18조

모든 국민은 통신의 비밀을 침해받지 아니한다.

제19조

모든 국민은 양심의 자유를 가진다.

제20조

① 모든 국민은 종교의 자유를 가진다.

② 국교는 인정되지 아니하며, 종교와 정치는 분리된다.

제21조

① 모든 국민은 언론·출판의 자유와 집회·결사의 자유를 가진다.

② 언론·출판에 대한 허가나 검열과 집회·결사에 대한 허가는 인정되지 아니한다.

③ 통신·방송의 시설기준과 신문의 기능을 보장하기 위하여 필요한 사항은 법률로 정한다.

④ 언론·출판은 타인의 명예나 권리 또는 공중도덕이나 사회윤리를 침해하여서는 아니된다. 언론·출판이 타인의 명예나 권리를 침해한 때에는 피해자는 이에 대한 피해의 배상을 청구할 수 있다.

제22조

① 모든 국민은 학문과 예술의 자유를 가진다.

② 저작자·발명가·과학기술자와 예술가의 권리는 법률로써 보호한다.

제23조

① 모든 국민의 재산권은 보장된다. 그 내용과 한계는 법률로 정한다.

② 재산권의 행사는 공공복리에 적합하도록 하여야 한다.

③ 공공필요에 의한 재산권의 수용, 사용 또는 제한 및 그에 대한 보상은 법률로써 하되, 정당한 보상을 지급하여야 한다.

제24조

모든 국민은 법률이 정하는 바에 의하여 선거권을 가진다.

제25조

모든 국민은 법률이 정하는 바에 의하여 공무담임권을 가진다.

제26조

① 모든 국민은 법률이 정하는 바에 의하여 국가기관에 문서로 청원할 권리를 가진다.

② 국가는 청원에 대하여 심사할 의무를 진다.

제27조

① 모든 국민은 헌법과 법률이 정한 법관에 의하여 법률에 의한 재판을 받을 권리를 가진다.

② 군인 또는 군무원이 아닌 국민은 대한민국의 영역 안에서는 중대한 군사상 기밀, 초병, 초소, 유독음식물공급, 포로, 군용물에 관한 죄 중 법률이 정한 경우와 비상계엄이 선포된 경우를 제외하고는 군사법원의 재판을 받지 아니한다.

③ 모든 국민은 신속한 재판을 받을 권리를 가진다. 형사피고인은 상당한 이유가 없는 한 지체 없이 공개재판을 받을 권리를 가진다.

④ 형사피고인은 유죄의 판결이 확정될 때까지는 무죄로 추정된다.

⑤ 형사피해자는 법률이 정하는 바에 의하여 당해 사건의 재판절차에서 진술할 수 있다.

제28조

형사피의자 또는 형사피고인으로서 구금되었던 자가 법률이 정하는 불기소처분을 받거나 무죄판결을 받은 때에는 법률이 정하는 바에 의하여 국가에 정당한 보상을 청구할 수 있다.

제29조

① 공무원의 직무상 불법행위로 손해를 받은 국민은 법률이 정하는 바에 의하여 국가 또는 공공단체에 정당한 배상을 청구할 수 있다. 이 경우 공무원 자신의 책임은 면제되지 아니한다.

② 군인·군무원·경찰공무원 기타 법률이 정하는 자가 전투·훈련 등 직무집행과 관련하여 받은 손해에 대하여는 법률이 정하는 보상 외에 국가 또는 공공단체에 공무원의 직무상 불법행위로 인한 배상은 청구할 수 없다.

제30조

타인의 범죄행위로 인하여 생명·신체에 대한 피해를 받은 국민은 법률이 정하는 바에 의하여 국가로부터 구조를 받을 수 있다.

제31조

① 모든 국민은 능력에 따라 균등하게 교육을 받을 권리를 가진다.

② 모든 국민은 그 보호하는 자녀에게 적어도 초등교육과 법률이 정하는 교육을 받게 할 의무를 진다.

③ 의무교육은 무상으로 한다.

④ 교육의 자주성·전문성·정치적 중립성 및 대학의 자율성은 법률이 정하는 바에 의하여 보장된다.

⑤ 국가는 평생교육을 진흥하여야 한다.

⑥ 학교교육 및 평생교육을 포함한 교육제도와 그 운영, 교육재정 및 교원의 지위에 관한 기본적인 사항은 법률로 정한다.

제32조

① 모든 국민은 근로의 권리를 가진다. 국가는 사회적·경제적 방법으로 근로자의 고용의 증진과 적정임금의 보장에 노력하여야 하며, 법률이 정하는 바에 의하여 최저임금제를 시행하여야 한다.

② 모든 국민은 근로의 의무를 진다. 국가는 근로의 의무의 내용과 조건을 민주주의 원칙에 따라 법률로 정한다.

③ 근로조건의 기준은 인간의 존엄성을 보장하도록 법률로 정한다.

④ 여자의 근로는 특별한 보호를 받으며, 고용·임금 및 근로조건에 있어서 부당한 차별을 받지 아니한다.

⑤ 연소자의 근로는 특별한 보호를 받는다.

⑥ 국가유공자·상이군경 및 전몰군경의 유가족은 법률이 정하는 바에 의하여 우선적으로 근로의 기회를 부여받

는다.

제33조

① 근로자는 근로조건의 향상을 위하여 자주적인 단결권·
단체교섭권 및 단체행동권을 가진다.

② 공무원인 근로자는 법률이 정하는 자에 한하여 단결권·
단체교섭권 및 단체행동권을 가진다.

③ 법률이 정하는 주요방위산업체에 종사하는 근로자의
단체행동권은 법률이 정하는 바에 의하여 이를 제한하
거나 인정하지 아니할 수 있다.

제34조

① 모든 국민은 인간다운 생활을 할 권리를 가진다.

② 국가는 사회보장·사회복지의 증진에 노력할 의무를
진다.

③ 국가는 여자의 복지와 권익의 향상을 위하여 노력하여
야 한다.

④ 국가는 노인과 청소년의 복지향상을 위한 정책을 실시
할 의무를 진다.

⑤ 신체장애자 및 질병·노령 기타의 사유로 생활능력이
없는 국민은 법률이 정하는 바에 의하여 국가의 보호를

받는다.

⑥ 국가는 재해를 예방하고 그 위험으로부터 국민을 보호하기 위하여 노력하여야 한다.

제35조

① 모든 국민은 건강하고 쾌적한 환경에서 생활할 권리를 가지며, 국가와 국민은 환경보전을 위하여 노력하여야 한다.

② 환경권의 내용과 행사에 관하여는 법률로 정한다.

③ 국가는 주택개발정책 등을 통하여 모든 국민이 쾌적한 주거생활을 할 수 있도록 노력하여야 한다.

제36조

① 혼인과 가족생활은 개인의 존엄과 양성의 평등을 기초로 성립되고 유지되어야 하며, 국가는 이를 보장한다.

② 국가는 모성의 보호를 위하여 노력하여야 한다.

③ 모든 국민은 보건에 관하여 국가의 보호를 받는다.

제37조

① 국민의 자유와 권리는 헌법에 열거되지 아니한 이유로 경시되지 아니한다.

② 국민의 모든 자유와 권리는 국가안전보장, 질서유지 또는 공공복리를 위하여 필요한 경우에 한하여 법률로써 제한할 수 있으며, 제한하는 경우에도 자유와 권리의 본질적인 내용을 침해할 수 없다.

제38조

모든 국민은 법률이 정하는 바에 의하여 납세의 의무를 진다.

제39조

① 모든 국민은 법률이 정하는 바에 의하여 국방의 의무를 진다.

② 누구든지 병역의무의 이행으로 인하여 불이익한 처우를 받지 아니한다.

제3장

국회

제40조

입법권은 국회에 속한다.

제41조

① 국회는 국민의 보통·평등·직접·비밀선거에 의하여 선출된 국회의원으로 구성한다.

② 국회의원의 수는 법률로 정하되, 200인 이상으로 한다.

③ 국회의원의 선거구와 비례대표제 기타 선거에 관한 사항은 법률로 정한다.

제42조

국회의원의 임기는 4년으로 한다.

제43조

국회의원은 법률이 정하는 직을 겸할 수 없다.

제44조

① 국회의원은 현행범인 경우를 제외하고는 회기 중 국회의 동의없이 체포 또는 구금되지 아니한다.

② 국회의원이 회기 전에 체포 또는 구금된 때에는 현행범이 아닌 한 국회의 요구가 있으면 회기 중 석방된다.

제45조

국회의원은 국회에서 직무상 행한 발언과 표결에 관하여 국회 외에서 책임을 지지 아니한다.

제46조

① 국회의원은 청렴의 의무가 있다.

② 국회의원은 국가이익을 우선하여 양심에 따라 직무를 행한다.

③ 국회의원은 그 지위를 남용하여 국가·공공단체 또는

기업체와의 계약이나 그 처분에 의하여 재산상의 권리·이익 또는 직위를 취득하거나 타인을 위하여 그 취득을 알선할 수 없다.

제47조

① 국회의 정기회는 법률이 정하는 바에 의하여 매년 1회 집회되며, 국회의 임시회는 대통령 또는 국회재적의원 4분의 1 이상의 요구에 의하여 집회된다.

② 정기회의 회기는 100일을, 임시회의 회기는 30일을 초과할 수 없다.

③ 대통령이 임시회의 집회를 요구할 때에는 기간과 집회 요구의 이유를 명시하여야 한다.

제48조

국회는 의장 1인과 부의장 2인을 선출한다.

제49조

국회는 헌법 또는 법률에 특별한 규정이 없는 한 재적의원 과반수의 출석과 출석의원 과반수의 찬성으로 의결한다. 가부동수인 때에는 부결된 것으로 본다.

제50조

① 국회의 회의는 공개한다. 다만, 출석의원 과반수의 찬성이 있거나 의장이 국가의 안전보장을 위하여 필요하다고 인정할 때에는 공개하지 아니할 수 있다.

② 공개하지 아니한 회의내용의 공표에 관하여는 법률이 정하는 바에 의한다.

제51조

국회에 제출된 법률안 기타의 의안은 회기 중에 의결되지 못한 이유로 폐기되지 아니한다. 다만, 국회의원의 임기가 만료된 때에는 그러하지 아니한다.

제52조

국회의원과 정부는 법률안을 제출할 수 있다.

제53조

① 국회에서 의결된 법률안은 정부에 이송되어 15일 이내에 대통령이 공포한다.

② 법률안에 이의가 있을 때에는 대통령은 제1항의 기간 내에 이의서를 붙여 국회로 환부하고, 그 재의를 요구할 수 있다. 국회의 폐회 중에도 또한 같다.

③ 대통령은 법률안의 일부에 대하여 또는 법률안을 수정하여 재의를 요구할 수 없다.

④ 재의의 요구가 있을 때에는 국회는 재의에 붙이고, 재적의원 과반수의 출석과 출석의원 3분의 2 이상의 찬성으로 전과 같은 의결을 하면 그 법률안은 법률로서 확정된다.

⑤ 대통령이 제1항의 기간 내에 공포나 재의의 요구를 하지 아니한 때에도 그 법률안은 법률로서 확정된다.

⑥ 대통령은 제4항과 제5항의 규정에 의하여 확정된 법률을 지체 없이 공포하여야 한다. 제5항에 의하여 법률이 확정된 후 또는 제4항에 의한 확정법률이 정부에 이송된 후 5일 이내에 대통령이 공포하지 아니할 때에는 국회의장이 이를 공포한다.

⑦ 법률은 특별한 규정이 없는 한 공포한 날로부터 20일을 경과함으로써 효력을 발생한다.

제54조

① 국회는 국가의 예산안을 심의·확정한다.

② 정부는 회계연도마다 예산안을 편성하여 회계연도 개시 90일 전까지 국회에 제출하고, 국회는 회계연도 개시 30일 전까지 이를 의결하여야 한다.

③ 새로운 회계연도가 개시될 때까지 예산안이 의결되지 못한 때에는 정부는 국회에서 예산안이 의결될 때까지 다음의 목적을 위한 경비는 전년도 예산에 준하여 집행할 수 있다.

1. 헌법이나 법률에 의하여 설치된 기관 또는 시설의 유지·운영
2. 법률상 지출의무의 이행
3. 이미 예산으로 승인된 사업의 계속

제55조

① 한 회계연도를 넘어 계속하여 지출할 필요가 있을 때에는 정부는 연한을 정하여 계속비로서 국회의 의결을 얻어야 한다.

② 예비비는 총액으로 국회의 의결을 얻어야 한다. 예비비의 지출은 차기국회의 승인을 얻어야 한다.

제56조

정부는 예산에 변경을 가할 필요가 있을 때에는 추가경정예산안을 편성하여 국회에 제출할 수 있다.

제57조

국회는 정부의 동의 없이 정부가 제출한 지출예산 각 항의 금액을 증가하거나 새 비목을 설치할 수 없다.

제58조

국채를 모집하거나 예산외에 국가의 부담이 될 계약을 체결하려 할 때에는 정부는 미리 국회의 의결을 얻어야 한다.

제59조

조세의 종목과 세율은 법률로 정한다.

제60조

① 국회는 상호원조 또는 안전보장에 관한 조약, 중요한 국제조직에 관한 조약, 우호통상항해조약, 주권의 제약에 관한 조약, 강화조약, 국가나 국민에게 중대한 재정적 부담을 지우는 조약 또는 입법사항에 관한 조약의 체결·비준에 대한 동의권을 가진다.

② 국회는 선전포고, 국군의 외국에의 파견 또는 외국군대의 대한민국 영역 안에서의 주류에 대한 동의권을 가진다.

제61조

① 국회는 국정을 감사하거나 특정한 국정사안에 대하여 조사할 수 있으며, 이에 필요한 서류의 제출 또는 증인의 출석과 증언이나 의견의 진술을 요구할 수 있다.

② 국정감사 및 조사에 관한 절차 기타 필요한 사항은 법률로 정한다.

제62조

① 국무총리·국무위원 또는 정부위원은 국회나 그 위원회에 출석하여 국정처리상황을 보고하거나 의견을 진술하고 질문에 응답할 수 있다.

② 국회나 그 위원회의 요구가 있을 때에는 국무총리·국무위원 또는 정부위원은 출석·답변하여야 하며, 국무총리 또는 국무위원이 출석요구를 받은 때에는 국무위원 또는 정부위원으로 하여금 출석·답변하게 할 수 있다.

제63조

① 국회는 국무총리 또는 국무위원의 해임을 대통령에게 건의할 수 있다.

② 제1항의 해임건의는 국회재적의원 3분의 1 이상의 발의에 의하여 국회재적의원 과반수의 찬성이 있어야 한다.

제64조

① 국회는 법률에 저촉되지 아니하는 범위 안에서 의사와 내부규율에 관한 규칙을 제정할 수 있다.

② 국회는 의원의 자격을 심사하며, 의원을 징계할 수 있다.

③ 의원을 제명하려면 국회재적의원 3분의 2 이상의 찬성이 있어야 한다.

④ 제2항과 제3항의 처분에 대하여는 법원에 제소할 수 없다.

제65조

① 대통령·국무총리·국무위원·행정각부의 장·헌법재판소 재판관·법관·중앙선거관리위원회 위원·감사원장·감사위원 기타 법률이 정한 공무원이 그 직무집행에 있어서 헌법이나 법률을 위배한 때에는 국회는 탄핵의 소추를 의결할 수 있다.

② 제1항의 탄핵소추는 국회재적의원 3분의 1 이상의 발의가 있어야 하며, 그 의결은 국회재적의원 과반수의 찬성이 있어야 한다. 다만, 대통령에 대한 탄핵소추는 국회재적의원 과반수의 발의와 국회재적의원 3분의 2 이상의 찬성이 있어야 한다.

③ 탄핵소추의 의결을 받은 자는 탄핵심판이 있을 때까지

그 권한행사가 정지된다.

④ 탄핵결정은 공직으로부터 파면함에 그친다. 그러나 이
에 의하여 민사상이나 형사상의 책임이 면제되지는 아
니한다.

제4장

정부

제1절 대통령

제66조

① 대통령은 국가의 원수이며, 외국에 대하여 국가를 대표한다.

② 대통령은 국가의 독립·영토의 보전·국가의 계속성과 헌법을 수호할 책무를 진다.

③ 대통령은 조국의 평화적 통일을 위한 성실한 의무를 진다.

④ 행정권은 대통령을 수반으로 하는 정부에 속한다.

제67조

① 대통령은 국민의 보통·평등·직접·비밀선거에 의하여 선출한다.

② 제1항의 선거에 있어서 최고득표자가 2인 이상인 때에는 국회의 재적의원 과반수가 출석한 공개회의에서 다수표를 얻은 자를 당선자로 한다.

③ 대통령후보자가 1인일 때에는 그 득표수가 선거권자 총수의 3분의 1 이상이 아니면 대통령으로 당선될 수 없다.

④ 대통령으로 선거될 수 있는 자는 국회의원의 피선거권이 있고 선거일 현재 40세에 달하여야 한다.

⑤ 대통령의 선거에 관한 사항은 법률로 정한다.

제68조

① 대통령의 임기가 만료되는 때에는 임기만료 70일 내지 40일 전에 후임자를 선거한다.

② 대통령이 궐위된 때 또는 대통령 당선자가 사망하거나 판결 기타의 사유로 그 자격을 상실한 때에는 60일 이내에 후임자를 선거한다.

제69조

대통령은 취임에 즈음하여 다음의 선서를 한다. "나는 헌법을 준수하고 국가를 보위하며 조국의 평화적 통일과 국민의 자유와 복리의 증진 및 민족문화의 창달에 노력하여 대통령으로서의 직책을 성실히 수행할 것을 국민 앞에 엄숙히 선서합니다."

제70조

대통령의 임기는 5년으로 하며, 중임할 수 없다.

제71조

대통령이 궐위되거나 사고로 인하여 직무를 수행할 수 없을 때에는 국무총리, 법률이 정한 국무위원의 순서로 그 권한을 대행한다.

제72조

대통령은 필요하다고 인정할 때에는 외교·국방·통일 기타 국가안위에 관한 중요정책을 국민투표에 붙일 수 있다.

제73조

대통령은 조약을 체결·비준하고, 외교사절을 신임·접수

또는 파견하며, 선전포고와 강화를 한다.

제74조

① 대통령은 헌법과 법률이 정하는 바에 의하여 국군을
통수한다.

② 국군의 조직과 편성은 법률로 정한다.

제75조

대통령은 법률에서 구체적으로 범위를 정하여 위임받은
사항과 법률을 집행하기 위하여 필요한 사항에 관하여 대통
령령을 발할 수 있다.

제76조

① 대통령은 내우·외환·천재·지변 또는 중대한 재정·경
제상의 위기에 있어서 국가의 안전보장 또는 공공의 안
녕질서를 유지하기 위하여 긴급한 조치가 필요하고 국
회의 집회를 기다릴 여유가 없을 때에 한하여 최소한으
로 필요한 재정·경제상의 처분을 하거나 이에 관하여
법률의 효력을 가지는 명령을 발할 수 있다.

② 대통령은 국가의 안위에 관계되는 중대한 교전상태에
있어서 국가를 보위하기 위하여 긴급한 조치가 필요하

고 국회의 집회가 불가능한 때에 한하여 법률의 효력을
가지는 명령을 발할 수 있다.

③ 대통령은 제1항과 제2항의 처분 또는 명령을 한 때에
는 지체 없이 국회에 보고하여 그 승인을 얻어야 한다.

④ 제3항의 승인을 얻지 못한 때에는 그 처분 또는 명령
은 그때부터 효력을 상실한다. 이 경우 그 명령에 의하
여 개정 또는 폐지되었던 법률은 그 명령이 승인을 얻
지 못한 때부터 당연히 효력을 회복한다.

⑤ 대통령은 제3항과 제4항의 사유를 지체 없이 공포하여
야 한다.

제77조

① 대통령은 전시·사변 또는 이에 준하는 국가비상사태
에 있어서 병력으로써 군사상의 필요에 응하거나 공공
의 안녕질서를 유지할 필요가 있을 때에는 법률이 정하
는 바에 의하여 계엄을 선포할 수 있다.

② 계엄은 비상계엄과 경비계엄으로 한다.

③ 비상계엄이 선포된 때에는 법률이 정하는 바에 의하여
영장제도, 언론·출판·집회·결사의 자유, 정부나 법원
의 권한에 관하여 특별한 조치를 할 수 있다.

④ 계엄을 선포한 때에는 대통령은 지체 없이 국회에 통

고하여야 한다.

⑤ 국회가 재적의원 과반수의 찬성으로 계엄의 해제를 요
구한 때에는 대통령은 이를 해제하여야 한다.

제78조

대통령은 헌법과 법률이 정하는 바에 의하여 공무원을 임
면한다.

제79조

① 대통령은 법률이 정하는 바에 의하여 사면·감형 또는
복권을 명할 수 있다.

② 일반사면을 명하려면 국회의 동의를 얻어야 한다.

③ 사면·감형 및 복권에 관한 사항은 법률로 정한다.

제80조

대통령은 법률이 정하는 바에 의하여 훈장 기타의 영전을
수여한다.

제81조

대통령은 국회에 출석하여 발언하거나 서한으로 의견을
표시할 수 있다.

제82조

대통령의 국법상 행위는 문서로써 하며, 이 문서에는 국무총리와 관계 국무위원이 부서한다. 군사에 관한 것도 또한 같다.

제83조

대통령은 국무총리·국무위원·행정각부의 장 기타 법률이 정하는 공사의 직을 겸할 수 없다.

제84조

대통령은 내란 또는 외환의 죄를 범한 경우를 제외하고는 재직 중 형사상의 소추를 받지 아니한다.

제85조

전직대통령의 신분과 예우에 관하여는 법률로 정한다.

제2절 행정부

제1관 국무총리와 국무위원

제86조

① 국무총리는 국회의 동의를 얻어 대통령이 임명한다.

② 국무총리는 대통령을 보좌하며, 행정에 관하여 대통령의 명을 받아 행정각부를 통할한다.

③ 군인은 현역을 면한 후가 아니면 국무총리로 임명될 수 없다.

제87조

① 국무위원은 국무총리의 제청으로 대통령이 임명한다.

② 국무위원은 국정에 관하여 대통령을 보좌하며, 국무회의의 구성원으로서 국정을 심의한다.

③ 국무총리는 국무위원의 해임을 대통령에게 건의할 수 있다.

④ 군인은 현역을 면한 후가 아니면 국무위원으로 임명될 수 없다.

제2관 국무회의

제88조

① 국무회의는 정부의 권한에 속하는 중요한 정책을 심의한다.

② 국무회의는 대통령·국무총리와 15인 이상 30인 이하의 국무위원으로 구성한다.

③ 대통령은 국무회의의 의장이 되고, 국무총리는 부의장이 된다.

제89조

다음 사항은 국무회의의 심의를 거쳐야 한다.

1. 국정의 기본계획과 정부의 일반정책

2. 선전·강화 기타 중요한 대외정책

3. 헌법개정안·국민투표안·조약안·법률안 및 대통령령안

4. 예산안·결산·국유재산처분의 기본계획·국가의 부담이 될 계약 기타 재정에 관한 중요사항

5. 대통령의 긴급명령·긴급재정경제처분 및 명령 또는 계엄과 그 해제

6. 군사에 관한 중요사항

7. 국회의 임시회 집회의 요구

8. 영전수여

9. 사면·감형과 복권

10. 행정각부간의 권한의 획정

11. 정부 안의 권한의 위임 또는 배정에 관한 기본계획

12. 국정처리상황의 평가·분석

13. 행정각부의 중요한 정책의 수립과 조정

14. 정당해산의 제소

15. 정부에 제출 또는 회부된 정부의 정책에 관계되는 청원의 심사

16. 검찰청장·합동참모의장·각군참모총장·국립대학교총장·대사 기타 법률이 정한 공무원과 국영기업체 관리자의 임명

17. 기타 대통령·국무총리 또는 국무위원이 제출한 사항

제90조

① 국정의 중요한 사항에 관한 대통령의 자문에 응하기 위하여 국가원로로 구성되는 국가원로자문회의를 둘 수 있다.

② 국가원로자문회의의 의장은 직전대통령이 된다. 다만, 직전대통령이 없을 때에는 대통령이 지명한다.

③ 국가원로자문회의의 조직·직무범위 기타 필요한 사항
은 법률로 정한다.

제91조

① 국가안전보장에 관련되는 대외정책·군사정책과 국내
정책의 수립에 관하여 국무회의의 심의에 앞서 대통령
의 자문에 응하기 위하여 국가안전보장회의를 둔다.

② 국가안전보장회의는 대통령이 주재한다.

③ 국가안전보장회의의 조직·직무범위 기타 필요한 사항
은 법률로 정한다.

제92조

① 평화통일정책의 수립에 관한 대통령의 자문에 응하기
위하여 민주평화통일 자문회의를 둘 수 있다.

② 민주평화통일자문회의의 조직·직무범위 기타 필요한
사항은 법률로 정한다.

제93조

① 국민경제의 발전을 위한 중요정책의 수립에 관하여 대
통령의 자문에 응하기 위하여 국민경제자문회의를 둘
수 있다.

② 국민경제자문회의의 조직·직무범위 기타 필요한 사항
은 법률로 정한다.

제3관 행정각부

제94조

행정각부의 장은 국무위원 중에서 국무총리의 제청으로
대통령이 임명한다.

제95조

국무총리 또는 행정각부의 장은 소관사무에 관하여 법률
이나 대통령령의 위임 또는 직권으로 총리령 또는 부령을
발할 수 있다.

제96조

행정각부의 설치·조직과 직무범위는 법률로 정한다.

제4관 감사원

제97조

국가의 세입·세출의 결산, 국가 및 법률이 정한 단체의

회계검사와 행정기관 및 공무원의 직무에 관한 감찰을 하기 위하여 대통령 소속하에 감사원을 둔다.

제98조

① 감사원은 원장을 포함한 5인 이상 11인 이하의 감사위원으로 구성한다.

② 원장은 국회의 동의를 얻어 대통령이 임명하고, 그 임기는 4년으로 하며, 1차에 한하여 중임할 수 있다.

③ 감사위원은 원장의 제청으로 대통령이 임명하고, 그 임기는 4년으로 하며, 1차에 한하여 중임할 수 있다.

제99조

감사원은 세입·세출의 결산을 매년 검사하여 대통령과 차년도 국회에 그 결과를 보고하여야 한다.

제100조

감사원의 조직·직무범위·감사위원의 자격·감사 대상 공무원의 범위 기타 필요한 사항은 법률로 정한다.

제5장

법원

제101조

① 사법권은 법관으로 구성된 법원에 속한다.

② 법원은 최고법원인 대법원과 각급법원으로 조직된다.

③ 법관의 자격은 법률로 정한다.

제102조

① 대법원에 부를 둘 수 있다.

② 대법원에 대법관을 둔다. 다만, 법률이 정하는 바에 의하여 대법관이 아닌 법관을 둘 수 있다.

③ 대법원과 각급법원의 조직은 법률로 정한다.

제103조

법관은 헌법과 법률에 의하여 그 양심에 따라 독립하여 심판한다.

제104조

① 대법원장은 국회의 동의를 얻어 대통령이 임명한다.

② 대법관은 대법원장의 제청으로 국회의 동의를 얻어 대통령이 임명한다.

③ 대법원장과 대법관이 아닌 법관은 대법관회의의 동의를 얻어 대법원장이 임명한다.

제105조

① 대법원장의 임기는 6년으로 하며, 중임할 수 없다.

② 대법관의 임기는 6년으로 하며, 법률이 정하는 바에 의하여 연임할 수 있다.

③ 대법원장과 대법관이 아닌 법관의 임기는 10년으로 하며, 법률이 정하는 바에 의하여 연임할 수 있다.

④ 법관의 정년은 법률로 정한다.

제106조

① 법관은 탄핵 또는 금고 이상의 형의 선고에 의하지 아

니하고는 파면되지 아니하며, 징계처분에 의하지 아니
하고는 정직·감봉 기타 불리한 처분을 받지 아니한다.

② 법관이 중대한 심신상의 장해로 직무를 수행할 수 없
을 때에는 법률이 정하는 바에 의하여 퇴직하게 할 수
있다.

제107조

① 법률이 헌법에 위반되는 여부가 재판의 전제가 된 경
우에는 법원은 헌법재판소에 제청하여 그 심판에 의하
여 재판한다.

② 명령·규칙 또는 처분이 헌법이나 법률에 위반되는 여
부가 재판의 전제가 된 경우에는 대법원은 이를 최종적
으로 심사할 권한을 가진다.

③ 재판의 전심절차로서 행정심판을 할 수 있다. 행정심판
의 절차는 법률로 정하되, 사법절차가 준용되어야 한다.

제108조

대법원은 법률에 저촉되지 아니하는 범위 안에서 소송에
관한 절차, 법원의 내부규율과 사무처리에 관한 규칙을 제
정할 수 있다.

제109조

재판의 심리와 판결은 공개한다. 다만, 심리는 국가의 안전보장 또는 안녕질서를 방해하거나 선량한 풍속을 해할 염려가 있을 때에는 법원의 결정으로 공개하지 아니할 수 있다.

제110조

① 군사재판을 관할하기 위하여 특별법원으로서 군사법원을 둘 수 있다.

② 군사법원의 상고심은 대법원에서 관할한다.

③ 군사법원의 조직·권한 및 재판관의 자격은 법률로 정한다.

④ 비상계엄상의 군사재판은 군인·군무원의 범죄나 군사에 관한 간첩죄의 경우와 초병·초소·유독음식물공급·포로에 관한 죄 중 법률이 정한 경우에 한하여 단심으로 할 수 있다. 다만, 사형을 선고한 경우에는 그러하지 아니한다.

제6장

헌법재판소

제111조

① 헌법재판소는 다음 사항을 관장한다.

1. 법원의 제청에 의한 법률의 위헌여부 심판

2. 탄핵의 심판

3. 정당의 해산 심판

4. 국가기관 상호간, 국가기관과 지방자치단체간 및 지방자치단체 상호간의 권한쟁의에 관한 심판

5. 법률이 정하는 헌법소원에 관한 심판

② 헌법재판소는 법관의 자격을 가진 9인의 재판관으로 구성하며, 재판관은 대통령이 임명한다.

③ 제2항의 재판관 중 3인은 국회에서 선출하는 자를, 3인

은 대법원장이 지명하는 자를 임명한다.

④ 헌법재판소의 장은 국회의 동의를 얻어 재판관중에서 대통령이 임명한다.

제112조

① 헌법재판소 재판관의 임기는 6년으로 하며, 법률이 정하는 바에 의하여 연임할 수 있다.

② 헌법재판소 재판관은 정당에 가입하거나 정치에 관여할 수 없다.

③ 헌법재판소 재판관은 탄핵 또는 금고 이상의 형의 선고에 의하지 아니하고는 파면되지 아니한다.

제113조

① 헌법재판소에서 법률의 위헌결정, 탄핵의 결정, 정당해산의 결정 또는 헌법소원에 관한 인용결정을 할 때에는 재판관 6인 이상의 찬성이 있어야 한다.

② 헌법재판소는 법률에 저촉되지 아니하는 범위 안에서 심판에 관한 절차, 내부규율과 사무처리에 관한 규칙을 제정할 수 있다.

③ 헌법재판소의 조직과 운영 기타 필요한 사항은 법률로 정한다.

제7장

선거관리

제114조

① 선거와 국민투표의 공정한 관리 및 정당에 관한 사무를 처리하기 위하여 선거관리위원회를 둔다.

② 중앙선거관리위원회는 대통령이 임명하는 3인, 국회에서 선출하는 3인과 대법원장이 지명하는 3인의 위원으로 구성한다. 위원장은 위원 중에서 호선한다.

③ 위원의 임기는 6년으로 한다.

④ 위원은 정당에 가입하거나 정치에 관여할 수 없다.

⑤ 위원은 탄핵 또는 금고 이상의 형의 선고에 의하지 아니하고는 파면되지 아니한다.

⑥ 중앙선거관리위원회는 법령의 범위 안에서 선거관리 ·

국민투표관리 또는 정당사무에 관한 규칙을 제정할 수
있으며, 법률에 저촉되지 아니하는 범위 안에서 내부규
율에 관한 규칙을 제정할 수 있다.

⑦ 각급 선거관리위원회의 조직·직무범위 기타 필요한
사항은 법률로 정한다.

제115조

① 각급 선거관리위원회는 선거인명부의 작성 등 선거사
무와 국민투표사무에 관하여 관계 행정기관에 필요한
지시를 할 수 있다.

② 제1항의 지시를 받은 당해 행정기관은 이에 응하여야
한다.

제116조

① 선거운동은 각급 선거관리위원회의 관리하에 법률이
정하는 범위 안에서 하되, 균등한 기회가 보장되어야
한다.

② 선거에 관한 경비는 법률이 정하는 경우를 제외하고는
정당 또는 후보자에게 부담시킬 수 없다.

제8장

지방자치

제117조

① 지방자치단체는 주민의 복리에 관한 사무를 처리하고 재산을 관리하며, 법령의 범위 안에서 자치에 관한 규정을 제정할 수 있다.

② 지방자치단체의 종류는 법률로 정한다.

제118조

① 지방자치단체에 의회를 둔다.

② 지방의회의 조직·권한·의원선거와 지방자치단체의 장의 선임방법 기타 지방자치 단체의 조직과 운영에 관한 사항은 법률로 정한다.

제9장

경제

제119조

① 대한민국의 경제질서는 개인과 기업의 경제상의 자유와 창의를 존중함을 기본으로 한다.

② 국가는 균형 있는 국민경제의 성장 및 안정과 적정한 소득의 분배를 유지하고, 시장의 지배와 경제력의 남용을 방지하며, 경제주체간의 조화를 통한 경제의 민주화를 위하여 경제에 관한 규제와 조정을 할 수 있다.

제120조

① 광물 기타 중요한 지하자원·수산자원·수력과 경제상 이용할 수 있는 자연력은 법률이 정하는 바에 의하

여 일정한 기간 그 채취·개발 또는 이용을 특허할 수
있다.

② 국토와 자원은 국가의 보호를 받으며, 국가는 그 균형
있는 개발과 이용을 위하여 필요한 계획을 수립한다.

제121조

① 국가는 농지에 관하여 경자유전의 원칙이 달성될 수
있도록 노력하여야 하며, 농지의 소작제도는 금지된다.

② 농업생산성의 제고와 농지의 합리적인 이용을 위하거
나 불가피한 사정으로 발생하는 농지의 임대차와 위탁
경영은 법률이 정하는 바에 의하여 인정된다.

제122조

국가는 국민 모두의 생산 및 생활의 기반이 되는 국토의
효율적이고 균형 있는 이용·개발과 보전을 위하여 법률이
정하는 바에 의하여 그에 관한 필요한 제한과 의무를 과할
수 있다.

제123조

① 국가는 농업 및 어업을 보호·육성하기 위하여 농·어
촌종합개발과 그 지원 등 필요한 계획을 수립·시행하

여야 한다.

② 국가는 지역간의 균형 있는 발전을 위하여 지역경제를
육성할 의무를 진다.

③ 국가는 중소기업을 보호·육성하여야 한다.

④ 국가는 농수산물의 수급균형과 유통구조의 개선에 노
력하여 가격안정을 도모함으로써 농·어민의 이익을
보호한다.

⑤ 국가는 농·어민과 중소기업의 자조조직을 육성하여야
하며, 그 자율적 활동과 발전을 보장한다.

제124조

국가는 건전한 소비행위를 계도하고 생산품의 품질향상
을 촉구하기 위한 소비자보호운동을 법률이 정하는 바에 의
하여 보장한다.

제125조

국가는 대외무역을 육성하며, 이를 규제·조정할 수 있다.

제126조

국방상 또는 국민경제상 긴절한 필요로 인하여 법률이 정
하는 경우를 제외하고는, 사영기업을 국유 또는 공유로 이

전하거나 그 경영을 통제 또는 관리 할 수 없다.

제127조

① 국가는 과학기술의 혁신과 정보 및 인력의 개발을 통하여 국민경제의 발전에 노력하여야 한다.

② 국가는 국가표준제도를 확립한다.

③ 대통령은 제1항의 목적을 달성하기 위하여 필요한 자문기구를 둘 수 있다.

제10장

헌법개정

제128조

① 헌법개정은 국회재적의원 과반수 또는 대통령의 발의로 제안된다.

② 대통령의 임기연장 또는 중임변경을 위한 헌법개정은 그 헌법개정 제안 당시의 대통령에 대하여는 효력이 없다.

제129조

제안된 헌법개정안은 대통령이 20일 이상의 기간 이를 공고하여야 한다.

제130조

① 국회는 헌법개정안이 공고된 날로부터 60일 이내에 의
  결하여야 하며, 국회의 의결은 재적의원 3분의 2 이상
  의 찬성을 얻어야 한다.

② 헌법개정안은 국회가 의결한 후 30일 이내에 국민투표
  에 붙여 국회의원 선거권자 과반수의 투표와 투표자 과
  반수의 찬성을 얻어야 한다.

③ 헌법개정안이 제2항의 찬성을 얻은 때에는 헌법개정
  은 확정되며, 대통령은 즉시 이를 공포하여야 한다.

/ 부칙 /

제1조

이 헌법은 1988년 2월 25일부터 시행한다. 다만, 이 헌법을 시행하기 위하여 필요한 법률의 제정·개정과 이 헌법에 의한 대통령 및 국회의원의 선거 기타 이 헌법시행에 관한 준비는 이 헌법시행 전에 할 수 있다.

제2조

① 이 헌법에 의한 최초의 대통령선거는 이 헌법시행일 40일 전까지 실시한다.

② 이 헌법에 의한 최초의 대통령의 임기는 이 헌법시행일로부터 개시한다.

제3조

① 이 헌법에 의한 최초의 국회의원선거는 이 헌법공포일로부터 6월 이내에 실시하며, 이 헌법에 의하여 선출된 최초의 국회의원의 임기는 국회의원선거 후 이 헌법에 의한 국회의 최초의 집회일로부터 개시한다.

② 이 헌법공포 당시의 국회의원의 임기는 제1항에 의한 국회의 최초의 집회일 전일까지로 한다.

제4조

① 이 헌법시행 당시의 공무원과 정부가 임명한 기업체의 임원은 이 헌법에 의하여 임명된 것으로 본다. 다만, 이 헌법에 의하여 선거방법이나 임명권자가 변경된 공무원과 대법원장 및 감사원장은 이 헌법에 의하여 후임자가 선임될 때까지 그 직무를 행하며, 이 경우 전임자인 공무원의 임기는 후임자가 선임되는 전일까지로 한다.

② 이 헌법시행 당시의 대법원장과 대법원판사가 아닌 법관은 제1항 단서의 규정에 불구하고 이 헌법에 의하여 임명된 것으로 본다.

③ 이 헌법 중 공무원의 임기 또는 중임제한에 관한 규정은 이 헌법에 의하여 그 공무원이 최초로 선출 또는 임명된 때로부터 적용한다.

제5조

이 헌법시행 당시의 법령과 조약은 이 헌법에 위배되지
아니하는 한 그 효력을 지속한다.

제6조

이 헌법시행 당시에 이 헌법에 의하여 새로 설치될 기관
의 권한에 속하는 직무를 행하고 있는 기관은 이 헌법에 의
하여 새로운 기관이 설치될 때까지 존속하며 그 직무를 행
한다.

[헌법 제10호, 1987.10.29.]